'That is a children's tale, told to amuse rather than to instruct. Those of us who understand these matters, however, recognise that the ancient story refers to three objects, or Hallows, which, if united, will make the possessor master of Death.'

(die ersten Worte auf S. 333 [→ 3X3][1] in
„Harry Potter and the Deathly Hallows")

AF194143

It was the single object of all the ancient rites and mysteries [...] and cheering the philosopher in his weary pilgrimage of life, to teach the immortality of the soul. This is still the great design of the third degree of Masonry. This is the scope and aim of its ritual.

(„Manual of the Lodge", Albert Mackey)

---

[1] *Die Neunzahl ist die dreimalige Wiederholung der heiligen Dreizahl (freimaurerisch 3X3)* [...] *in 3X3 grüßt der Br*[uder] *den Br*[uder].
(„Internationales Freimaurer-Lexikon", S. 1740)

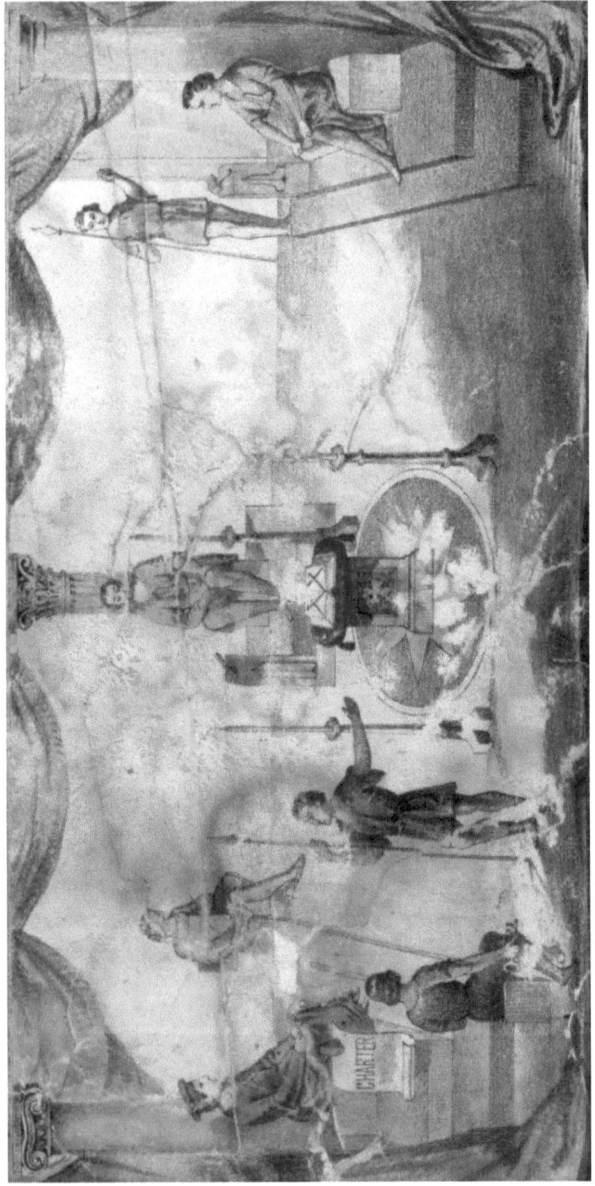

Harry Potter

und der

Freimaurer-Code.

Eine Annäherung über

Mozarts Zauberflöte

und

Platons Phaidon.

Oder: Warum Mr und Mrs Mason kein Verständnis für Magie haben.

Von George Cebadal.

Bibliografische Information der Deutschen Nationalbibliothek:
Die Deutsche Nationalbibliothek verzeichnet diese Publikation
in der Deutschen Nationalbibliografie; detaillierte bibliografische
Daten sind im Internet über http://dnb.dnb.de abrufbar.

© 2021 George Cebadal

Herstellung und Verlag:
BoD – Books on Demand, Norderstedt

ISBN: 9783753459950

Fawkes ist ein Phönix, Harry. Phönixe gehen in Flammen auf, wenn es an der Zeit für sie ist zu sterben, und werden aus der Asche neu geboren.

(Dumbledore, in Rowlings „Harry Potter
und die Kammer des Schreckens")

*Sagt es niemand, nur den Weisen,
Weil die Menge gleich verhöhnet,
Das Lebend'ge will ich preisen,
Das nach Flammentod sich sehnet.*
[...]
*Und so lang du das nicht hast,
Dieses: Stirb und werde!
Bist du nur ein trüber Gast
Auf der dunklen Erde.*

(Goethe, „Selige Sehnsucht")

Inhalt

I. EIN ERSTER ANNÄHERUNGSSCHRITT ÜBER MOZARTS „ZAUBERFLÖTE"

1. MOZARTS „ZAUBERFLÖTE" ALS VORBILD FÜR GOETHES „FAUST" UND ROWLINGS „HARRY POTTER"

In der vielleicht einfach anmutenden Zauberwelt von Rowlings „Harry Potter" verbirgt sich ein Sinn, der schon in Mozarts „Zauberflöte" so verborgen wie vorbildhaft wirkte, dass Goethe sich für seine „Faust"-Dichtung (genauer den „Helena"-Akt) gewünscht hatte:

> *Wenn es nur so ist, daß die Menge der Zuschauer Freude an der E r s c h e i n u n g hat; dem Eingeweihten wird zugleich der höhere Sinn nicht entgehen, wie es ja auch bei der „Zauberflöte" und andern Dingen der Fall ist.*[1]

Bei Rowling ist die „Zauberflöte" als Vorbild sogar recht direkt im ersten Band „Harry Potter und der Stein der Weisen" wiederzuerkennen: Dort wird man zunächst darauf aufmerksam gemacht, dass der Besitzer vom Stein der Weisen insbesondere als „Opernliebhaber"[2] bekannt ist und später auf dem Weg zum Stein der Weisen wirkt Harry mit einer Flöte besänftigend auf das wilde Gemüt des dreiköpfigen Wachhundes Fluffy,[3] womit wie in Mozarts

---

[1] Eckermann, Johann Peter, Gespräche mit Goethe in den letzten Jahren seines Lebens, Bd. 1, S. 219.

[2] HP dt., I,13, S. 239 f.: „Im Laufe der Jahrhunderte gab es viele Berichte über den Stein der Weisen, doch der einzige Stein, der heute existiert, gehört Mr Nicolas Flamel, dem angesehenen Alchemisten und Opernliebhaber. Mr Flamel, der im letzten Jahr seinen sechshundertundfünfundsechzigsten Geburtstag feierte, erfreut sich eines ruhigen Lebens in Devon, zusammen mit seiner Frau Perenelle (sechshundertundachtundfünfzig)."

[3] HP dt., I,16, S. 299: „Er [Harry] setzte Hagrids Flöte an die Lippen und blies hinein. Es war keine richtige Melodie, doch kaum hatte er einen Ton hervorgebracht, kroch schon die Müdigkeit in die Augen des Untiers."

„Zauberflöte" („Weil, holde Flöte, durch dein Spielen / Selbst wilde Thiere Freude fühlen."[4]) die Lyra des Orpheusmotivs[5] durch eine Flöte ersetzt worden ist.

2. RITUELLE EINWEIHUNGSMOTIVE IN MOZARTS „ZAUBERFLÖTE" UND GOETHES „FAUST"

Goethes „Sinn" für den „Eingeweihten" lässt sich in Teilen auf Einweihungsmotive aus der Freimaurerei und den antiken Priesterkulten beziehen, denn zum einen handelt die „Zauberflöte" von einer solchen Einweihung im rituellen Sinne: Der Einweihung in den Isis-Mysterienkult („Der Isis Weihe ist nun dein!"[6]). Zum anderen bezieht Goethe seinen „Helena"-Akt in einer weiteren Erklärung[7] auf Eleusis – also auf den Mysterienkult des großen Athens. Darüber hinaus behandelt nicht nur der „Helena"-Akt das Mysterienthema, sondern es ist ein Leitmotiv für die ganze „Faust"-Dichtung, wie es sich prägnant durch den Schluss- und Zielpunkt des Ganzen verdeutlichen lässt: In der letzten Szene richtet sich Faust in der Mysteriensprache an die Mater gloriosa, indem er sie bittet, ihr „Geheimniß schauen"[8] zu dürfen (= Epoptie des Mysteriums); dieser Mysteriengöttin gehören seine letzten Worte („Göttin bleibe gnädig!"[9]); schließlich gehören die allerletzten Worte dem Chorus mysticus (also

---

[4] ZF, I,15, S. 24.

[5] Orpheus konnte in den Mythen mit seiner Musik wilde Tiere bezaubern und auf seinem Weg in die Unterwelt zur Rettung von Eurydike besänftigte er den dreiköpfigen Höllenwachhund Cerberus mit seinen musikalischen Künsten (Leierspiel und Gesang).

[6] ZF, II,28, S. 54.

[7] Goethe über den „Helena"-Akt in einem Brief an Iken.: „[...] von der andern Seite wird ein Fühlender dasjenige durchdringen, was gemüthlich hie und da verdeckt liegt: // Eleusis servat quod ostendat revisentibus [Eleusis bewahrt für sich, was es erst den Wiederkehrenden offenbaren mag. Seneca, Naturales quaestiones, VII, 31,6.] // und es soll mich freuen, wenn dießmal auch das Geheimnißvolle zu öfterer Rückkehr den Freunden Veranlassung gibt." (Goethe, An Iken am 27.9.1827, S. 82 f.)

[8] Faust II, V. 12000.

[9] Faust II, V. 12103.

dem Mysterienchor), der verkündet: „Das Unbeschreibliche / Hier ist es gethan"[10] (die Mysterienweihe galt als unsagbar, wie Eleusis als „unsagbare Weihe"/„arrhetos telete"[11] galt).

Ebenso behandeln sowohl die „Zauberflöte" als auch der „Faust" eindeutige Motive der Freimaurerei,[12] allerdings wird bereits durch die Anspielungen auf die Kulte von Isis und Eleusis eine Verbindung zur Freimaurerei erkennbar, denn diese wurden in einer gemeinsamen Traditionslinie gedeutet – Schiller stellt dies bspw. folgendermaßen dar:

Sie [die ägyptischen Mysterien] *hatten ihren Sitz in den Tempeln der Isis und des Serapis und waren das Vorbild, wornach in der Folge die Mysterien in Eleusis und Samothrazien und in neuern Zeiten der Orden der Freimaurer sich gebildet hat.*[13]

---

[10] Faust II, V. 12108 f.

[11] Siehe dazu: Burkert, Walter, Antike Mysterien, S. 16.

[12] „Zauberflöten"-Beispiel: Der Schlusschor aus Priestern widmet die letzten beiden Verse der Oper den drei Idealen der Freimaurerei (Weisheit, Stärke und Schönheit): „Es siegte die Stärke, und krönet zum Lohn / Die Schönheit und Weisheit mit ewiger Kron'." (ZF, II,30, S. 59). „Faust"-Beispiel folgt bereits im nächsten Punkt (3.1).

[13] Schiller, Die Sendung Moses, S. 74.

3. Harrys Einweihung in Hogwarts

3.1 Der Vorbereitungsraum

Ein eindrucksvolles Beispiel für das Motiv der rituellen Einweihung in den „Harry Potter"-Büchern ist Harrys Einführungsfeier in der Zauberschule Hogwarts,[14] was sich dazu noch anhand der Illustration „George Washington as Master Mason" (S. 17) und Mozarts Einweihung in die Freimaurerei eingängig veranschaulichen lässt (siehe rechts). Ähnlich wie Mozart wurde auch Harry vor der Zeremonie in der Großen Halle von Hogwarts (dem Tempelsaal bei Mozart) zuvor in eine „kleine, leere Kammer"[15] geführt, wo er warten und sich „zurechtmach[en]"[16] sollte bzw. sich klüger machen sollte, wie man das englische „smarten yourselves up"[17] auch[18] verstehen kann. Es ist das Motiv des Vorbereitungsraumes, das ebenso als Dunkle Kammer oder Chamber of Reflection geläufig ist. Die Leere dient der Fokussierung auf die Selbstreflexion („Erkenne dich selbst!"[19]), allerdings wird die Kammer häufig noch mit einigen wenigen Symbolen ausgestattet. In Goethes „Faust" lässt sich dieses Motiv in Fausts Gelehrtenzimmer wiedererkennen, wo sich wie in Mozarts Vorbereitungsraum als Symbole der Prolog des Johannes-Evangeliums[20] und der Totenkopf[21] wiederfinden.

---

[14] HP dt., I,7, S. 126 ff.

[15] HP dt., I,7, S. 126.

[16] HP dt., I,7, S. 127.

[17] HP engl., I,7, S. 122.

[18] Im Sinne einer geistigen Vorbereitung scheint es ebenso Hermine zu verstehen: „Hastig flüsterte sie alle Zaubersprüche vor sich hin, die sie gelernt hatte, und fragte sich, welchen sie wohl brauchen würde." (HP dt., I,7, S. 126)

[19] „Mahnung an der Pforte vieler Freimaurertempel, stand als Spruch über dem Eingang des Tempels von Delphi." (Internationales Freimaurer-Lexikon, S. 445)

[20] „*Er schlägt ein Volum auf und schickt sich an.* / Geschrieben steht: ,im Anfang war das Wort!' / Hier stock' ich schon! Wer hilft mir weiter fort?" (Faust I, R.-Anw. n. V. 1223 bis V. 1225)

[21] „Was grinsest du mir hohler Schädel her? / Als daß dein Hirn, wie meines, einst verwirret, / Den leichten Tag gesucht und in der Dämmrung

Mozarts Einweihung in die Freimaurerei:

(beschrieben in der „Historischen Zeitschrift" von der Historikerin Gunilla-Friederike Budde)

In den frühen Abendstunden des 14. Dezember 1784 versammelten sich die Freimaurerbrüder der Loge „Zur Wohltätigkeit" am Wiener Kienmarkt. Es galt, zwei neue Mitglieder in ihren Kreis aufzunehmen. Wie bei Aufnahmezeremonien üblich, waren fast alle der 40 Mitglieder anwesend, dekoriert mit den Freimaureremblemen Degen, Freundschaftsmasche, Maurerschürze und weißen Handschuhen. Es herrschte eine feierliche, getragene Stimmung, als die Brüder Arm in Arm paarweise unter Orgelklängen den mit 39 Kandelabern in flackerndes Licht getauchten Tempelsaal betraten. Friedrich Hegrad, Kanzlist bei der Hofkammerbuchhalterei, war auserkoren, die Kandidaten mit wohlgesetzten Worten willkommen zu heißen. Beide waren einige Zeit vorher von ihren Paten in einen mit schwarzen Tüchern verhangenen, lediglich von einer Kerze erleuchteten Raum geführt worden, der außer einem Tisch, auf dem der Prolog des Johannes-Evangeliums aufgeschlagen lag, zwei Stühlen, einem Dolch, einer Schnur und einem Totenkopf nichts aufwies, was die ernste Selbstbesinnung der beiden jungen Männer hätte stören können. Nach Vollzug der Maurerrituale und der Ablegung des Maurereides erhob sich Hegrad, um die beiden „Suchenden" zu ehren. Nachdem er zunächst den Kaplan Wenzel Summer als achtbaren Vertreter seines nach den Worten des Laudators keineswegs unfehlbaren Standes gerühmt hatte, wandte er sich, hörbar den Ton wechselnd, dem Kapellmeister Johannes Christophorus Wolfgang Gottlieb Mozart zu [...].[22]

---

schwer, / Mit Lust nach Wahrheit, jämmerlich geirret." (Faust I, V. 664-667)

[22] Budde, Gunilla-Friederike, „Denn unsre Bruderliebe soll ihn leiten". Zum Zusammenhang von Künstlerexistenz und Freimaurertum bei Wolfgang Amadeus Mozart, S. 625 f.

3.2 DER TEMPEL (-HAUPTRAUM)
– DIE GROßE HALLE VON HOGWARTS

Nach einer gewissen Zeit des Vorbereitens wird Harry dann in die Große Halle von Hogwarts geführt, die in wesentlichen Aspekten einem Mysterien- und Freimaurertempel gleicht. Zunächst fällt dabei auf, dass „[t]ausende und abertausende von Kerzen"[23] die Große Halle schmücken, was sich ganz ähnlich bei der Einweihung von Mozart wiederfindet, der nach seiner Zeit im Vorbereitungsraum in einen Tempelsaal geführt wird, welcher ebenfalls mit geradezu unzähligen Kerzen erleuchtet ist („mit 39 Kandelabern"). Höchst auffällig ist allerdings die Decke der Großen Halle, die Harry bei seinem Betreten als „eine samtschwarze, mit Sternen übersäte Decke"[24] wahrnimmt. Ein solcher Sternenhimmel findet sich in vielen Tempelsälen der Freimaurer, wie es exemplarisch die Illustration mit Washington veranschaulicht. Dieses freimaurerische[25] Ideal ist zugleich ein Ideal der antiken Tempel, wie es der Freimaurer Albert Pike beschreibt:

Each Mithriac cave and all the most ancient temples were intended to symbolize the Universe, which itself was habitually called the Temple and habitation of Deity. [...] The most ancient temples were roofless; and therefore the Persians, Celts, and Scythians strongly

---

[23] HP dt., I,7, S. 128.

[24] HP dt., I,7, S. 129

[25] „*Himmelsgestirne.* Die Loge wird in den Ritualbüchern als ein Bild des Weltalls bezeichnet. Sonne, Mond und Sterne zieren in bildlicher Darstellung den Himmel der Loge. Ihnen wird symbolische Deutung zuteil: Die Sonne regiert den Tag, der Mond die Nacht, der Meister vom Stuhl die Loge. Viel verwendet wird auch als symbolische Ausschmückung eine Siebenzahl von Sternen, die auch wiederholt in Logennamen vorkommt." (Internationales Freimaurer-Lexikon, S. 698) Die Siebenzahl bezieht sich auf die sieben antiken Planeten („wandernde Sterne/Planeten", die für das bloße Auge erkennbar waren) – scheinbar entsprechend dazu: sieben „Harry Potter"-Bände, Schuljahre in Hogwarts etc..

disliked artificial covered edifices.[26]

George Washington als Meister („Master Mason")
in der Freimaurerloge von Alexandria (Virginia)

---

[26] Pike, Morals and Dogma of the Ancient and Accepted Scottish Rite of
Freemasonry, S. 234 f.

Tatsächlich versucht man in Hogwarts durch Zauberkunst diesem Ideal des dachlosen Tempels nachzukommen, denn Hermine weiß Harry noch Genaueres über die Decke zu berichten: „Sie ist so verzaubert, dass sie wie der Himmel draußen aussieht [...]."[27] Dementsprechend ist an der Decke nicht nur der Sternenhimmel zu bewundern, sondern immer eine Nachahmung des Himmels in seiner aktuellen Erscheinung.

Ein weiteres typisches Merkmal, das der große Versammlungsort von Hogwarts mit vielen antiken Tempeln gemeinsam hat, ist seine Aufteilung in drei wesentliche Teile, was in der Freimaurerei insbesondere durch den Tempelbau von Salomon eine zentrale Bedeutung hat – das „Internationale Freimaurer-Lexikon" stellt diese besondere Tragweite so dar:

> *Der Salomonische Tempel ist das Lehrbild, das alle anderen Symbole aus sich entwickeln läßt, um sie wieder in eine Einheit zusammenzufassen. Die Werkzeuge des Freimaurers sind Mittel zum Zwecke der Errichtung, des Aufbaus. Deshalb nennt der Freimaurer sein Tun eine Bauarbeit.*
> *[...]*
> *Wir Freimaurer nennen ihn den Salomonischen Tempelbau und meinen damit den Tempel der Humanität.*[28]

In Hogwarts ist die „Große Halle"[29] eingegliedert zwischen einer „Eingangshalle"[30] und – was man in den Büchern erst im vierten Band erfährt – einer „Kammer"[31], die sich „hinter dem Lehrertisch" befindet, sodass sich entsprechend zu den drei wesentlichen Teilen des Salomonischen Tempels

---

[27] HP dt., I,7, S. 129.
[28] Internationales Freimaurer-Lexikon, S. 1567.
[29] HP dt., I,7, S. 126.
[30] HP dt., I,7, S. 126.
[31] HP dt., IV,16, S. 282.

(Vorhalle, Hauptraum, Allerheiligstes)[32] diese Dreigliedrigkeit herstellt.

Salomons Tempel (Rekonstruktionsversuch):

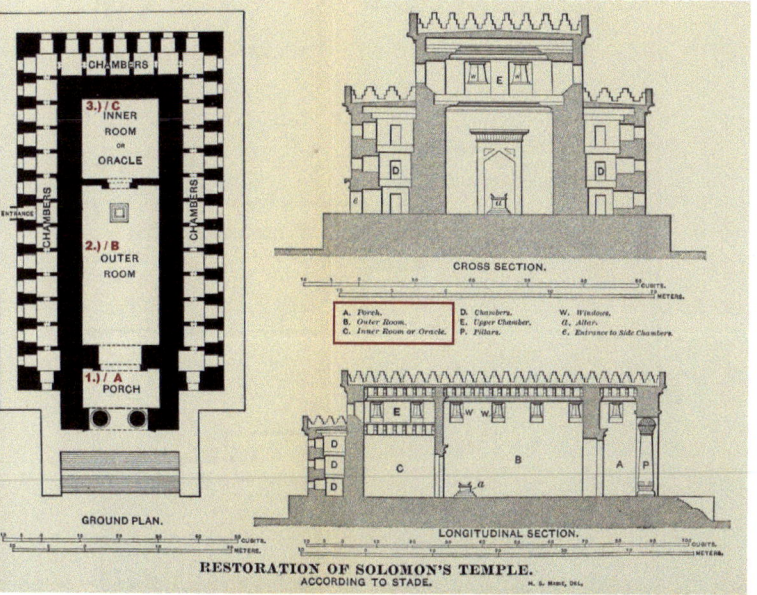

1.) Eingangshalle (Porch), 2.) Hauptraum (Outer Room)
3.) Allerheiligstes (Inner Room/Oracle)

(diese drei Hauptbestandteile sind ebenfalls kennzeichnend
für den Tempel von Delphi)

---

[32] „Der Tempel bestand aus drei nacheinander angeordneten Räumen, einer Vorhalle, אוּלָם (*'ûlam*), 5x10x15m, einen Hauptraum, הֵיכָל (*hêkal*), 20x10x15m und dem Allerheiligsten, דְּבִיר (*debîr*), 10x10x10m.“ (Rekonstruktion des Salomonischen Tempels nach: Bibelwissenschaft.de, Artikel „Der Tempel“)

Versammlungsort von Hogwarts (Rekonstruktionsversuch):

Orientiert an den Büchern:

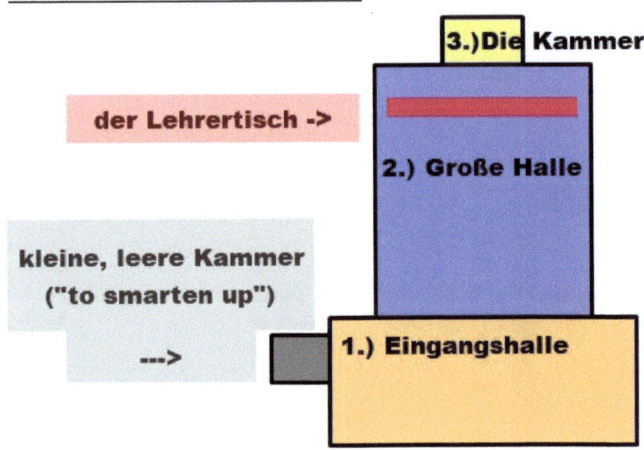

Orientiert an den Filmen:

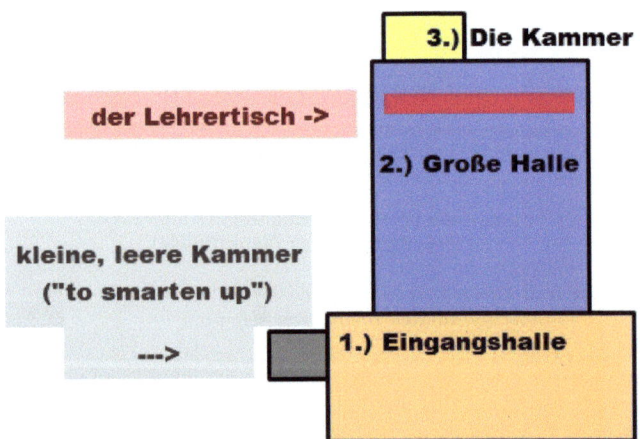

3.2.1 Die Prüfung
– der verdunkelnde Hut der Selbsterkenntnis

Der Hauptteil des als „Prüfung"[33] konnotierten Einführungsrituals in der Großen Halle besteht darin, den Sprechenden Hut aufzusetzen, wodurch die Neulinge einem der vier Schulhäuser zugeordnet werden. Die Häuser stehen für die vier Elemente und sind mit bestimmten Charaktereigenschaften verbunden, sodass sich Harrys Zwiegespräch mit dem Hut als eine weitere Übung in Selbstreflexion erweist. Bei diesem Ritual rutscht der Hut einigen SchülerInnen über die Augen, wie auch im Falle von Harry,[34] dessen Prüfung ja die LeserInnen miterleben und mitfühlen. Dieses Bild erinnert an die „Zauberflöte", wo die Prüflinge Tamino und Papageno bei ihrer Einweihung mehrmals die Augen durch einen „Sack"[35] verdeckt bekommen. Zugleich erinnern der Sprechende Hut sowie der „Sack" aus der „Zauberflöte" an die Augenbinde aus dem freimaurerischen Aufnahmeritual.

Abb.: Papageno und Tamino in Mozarts „Zauberflöte" mit bedeckten Augen bei ihrer Einführung in den Prüfungstempel

---

[33] HP dt., I,7, S. 127.

[34] „Das Letzte, was Harry sah, bevor der Hut über seine Augen herabsank, war die Halle voller Menschen, die die Hälse reckten, um ihn gut im Blick zu haben. Im nächsten Moment sah er nur noch das schwarze Innere des Huts. Er wartete." (HP dt., I,7, S. 133)

[35] Bspw.: *„Zwey bringen eine Art Sack, und bedecken die Häupter der beyden Fremden* [= Tamino und Papageno].*"* (ZF, I,19, S. 29)

Außerdem ist schon einmal zu bemerken, dass der verdunkelnde Hut sinnbildlich einem Gang in das Nacht- und Totenreich (Todeserfahrung) entspricht, was aber später mit dem Hintergrund der weiteren Abschnitte noch genauer beleuchtet werden soll – dazu gehört ebenfalls ein genauerer Blick auf den Hinweis von Plutarch, „daß die Wörter, welche [im Griechischen] *sterben* und *eingeweiht werden* bedeuten, eben so wie die Sache selbst, einander sehr ähnlich sind."[36]

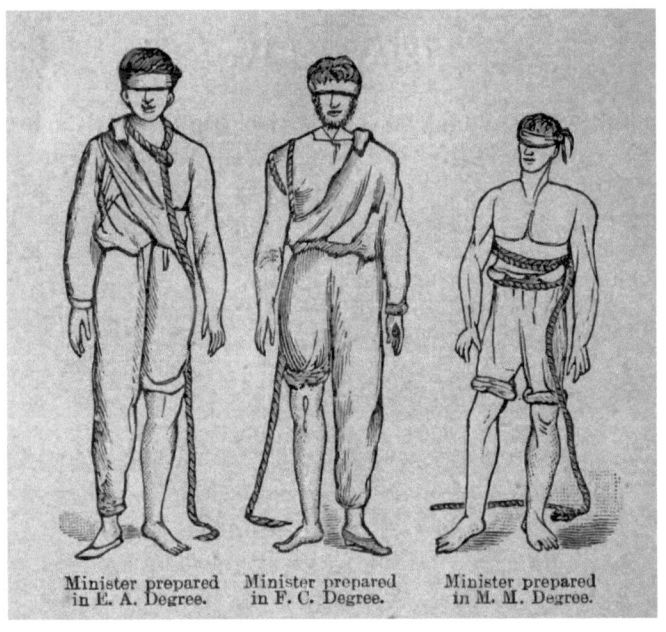

Kandidaten, vorbereitet für die Einweihungsprüfung des jeweiligen Grades

(ein Seil spielt dann bei Harrys finalem Kampf am Ende des ersten Bandes eine Rolle: „Quirell schnippte mit den Fingern. Aus der Luft peitschten Seile hervor, die sich fest um Harrys Körper wickelten."; HP dt., I,17, S. 314)

---

[36] Plutarch, Ueber die Unsterblichkeit der Seele, S. 85.

3.2.2 Das Fest der Einweihung
– oder die Tafelloge

Wenn im Einweihungsritual der Freimaurer die Binde fällt
und die Prüfung erfolgreich bestanden ist, folgt ein
feierlicher Empfang im Kreise der neuen Brüder.
Desgleichen wird Harry nach dem Ablegen des Hutes von
seiner Hausgemeinschaft (seiner neuen „Familie in
Hogwarts"[37]) feierlich empfangen – sicherlich ein
unscheinbar anmutendes Bild, dessen Bedeutung allerdings
anhand anderer Einweihungstexte deutlicher wird. Hierzu
bietet sich Apuleius' Roman „Metamorphosen" an, der zum
einen für Mozarts „Zauberflöte" sowie die damaligen
Freimaurer von Bedeutung war,[38] und zum anderen sogar in
„Harry Potter. A History of Magic"[39] behandelt wird, denn
dort findet sich folgendes Bild:

Szene aus "Amor und Psyche" – Psyche bezähmt Cerberus, den dreiköpfigen
Wachhund der Unterwelt (Inspiration für Rowlings Fluffy), mit Honigkuchen

---

[37] HP dt., I,7, S. 127.

[38] In einem Beitrag des „Journals für Freymaurer" wird Apuleius aufgrund
seines „Metamorphosen"-Romans hervorgehoben, als „der einzige aus allen
älteren Schriftstellern, welcher die äussern Umstände seiner Einweihung in
die ägyptischen Mysterien einigermassen berichtet" (Born, Ignaz von,
Ueber die Mysterien der Aegypter, S. 94).

[39] Das offizielle Buch zur gleichnamigen Ausstellung, die als Kollaboration
zwischen Rowling, Bloomsbury und der British Library entstanden ist.
Siehe für das Bild von Psyche mit Cerberus (ein Holzstich von Edward
Burne-Jones): Harry Potter. A History of Magic. Ebook, P. 90.

Die Szene bezieht sich auf die Liebesgeschichte „Amor und Psyche", die als längere Geschichte maßgeblich durch Apuleius' elfbändigen „Metamorphosen"-Roman bekannt ist, worin die Romanze als eine Schachtelgeschichte innerhalb der Bände vier bis sechs erzählt wird. Nun lässt sich diese Lovestory als vorweggenommene Allegorie für das Geschehen im finalen elften „Metamorphosen"-Buch verstehen, wo Apuleius seinen Protagonisten Lucius eine Einweihung in die Isis-Mysterien schildern lässt, die als authentisch, autobiographisch und nicht zuletzt einzigartig gilt; und in der ägyptischen Einweihung erkennen Freimaurer wie bspw. jene aus Mozarts Umfeld „die Aehnlichkeit"[40] zu ihren eigenen freimaurerischen Einweihungsritualen wieder. Also was die Geschichte von Psyche und die Einweihung von Lucius im Wesentlichen verbindet, ist der Weg den die beiden gehen: Ihre Wege führen sie jeweils in Proserpinas Totenreich (Unterwelt/Hölle) und enden für beide mit einer Gottwerdung,[41] die anschließend bei einem festlichen Mahl gefeiert wird. Gerade anhand der unscheinbaren Liebesgeschichte wird das dahinter liegende Sinnbild auf den zweiten Blick deutlich erkennbar: Es ist ein Sinnbild für die menschliche Psyche (= Seele), die demnach durch ihren Mut auf dem Weg in das Totenreich (Todesbereitschaft) in den Himmel gelangt, wo sie in den Kreis der Götter (der Unsterblichen) aufgenommen wird.

Das Bild von Psyche im Kreise der Götter und das an ihre Unsterblichwerdung anschließende feierliche Mahl mit Musik und Gesang (ihre Hochzeit mit Amor) entspricht bei Harry dem feierlichen Empfang durch seine neue

---

[40] „Man bemerke dieß, und man wird die Aehnlichkeit der Einweihung des ägyptischen Priesters und des Maurers nicht verkennen." (Born, Ueber die Mysterien der Aegypter, S. 99)
[41] Bei Lucius ist die Gottwerdung symbolischer Art und wird über eine Verkleidung als Sonne/Sonnengott dargestellt: „So als Bild der Sonne ausgeschmückt, stand ich gleich einer Bildsäule da." (Apuleius, Metamorphosen, Bd. 2, S. 227)

Hausgemeinschaft, dem sich dazu noch ein „Bankett"[42] und das fröhliche Singen der „Schulhymne"[43] anschließen. Desgleichen sind in der Freimaurerei Bankette[44] mit Musik und Gesang insbesondere im Anschluss an die Aufnahme neuer Mitglieder als sogenannte Tafellogen von Bedeutung:

T[afellogen] *schließen* *sich* *gewöhnlich* *Aufnahmsarbeiten* *an* *oder* *werden* *an* *besonderen* *Festtagen* *der* *Loge* *(Johannisfest,* *Stiftungsfest,* *patriotische* *Gedenktage* *usw.)* *abgehalten.* *Sie* *werden* *von* *maurerischer* *Musik,* *Instrumentalkunst* *oder* *Chorgesang der Loge begleitet.*[45]

---

[42] HP I,7, S. 135.
[43] HP I,7, S. 141.
[44] Bspw. wird bei Lessing sogar der Ursprung der Freimaurerei auf das Wort „Masoney" und die Bedeutungen „Mase, der Tisch, die Tafel" zurückgeführt. (Lessing, Ernst und Falk, S. 46)
[45] Internationales Freimaurer-Lexikon, S. 1553.

II. Ein zweiter Annäherungsschritt über Platons „Phaidon"

1. Einleitung: Sokrates'/Platons Ideale der Todesbereitschaft und Weisheitsliebe *versus* Voldemorts Todesfurcht und Körperliebe

In Albert Pikes[46] höchstrenommierten Hauptwerk „Morals and Dogma" über den Schottischen Freimaurerritus wird Platon als „the greatest of human Revealers"[47] hervorgehoben. Zentral für Platons Philosophie ist die Idee von der Unsterblichwerdung der Seele, die im Besonderen in seiner Schrift „Phaidon" dargestellt wird und zwar als Rede des Sokrates im Kreise seiner Freunde am Tage seiner Hinrichtung – wohl mehr oder weniger ein Kunstgriff mit dem Platon seine eigenen Ausführungen vorträgt. Dort zeichnet Sokrates eine Todesbereitschaft aus, die mit den Einweihungsmysterien verbunden ist,[48] und was über die Philosophie von der Unsterblichkeit der Seele noch

---

[46] Internationales Freimaurer-Lexikon, S. 1210 f.: „Er erwarb sich um diesen [den Schottischen Ritus], aber auch um eine größere Fundierung der amerikanischen Freimaurerei große Verdienste. P., dem ein reiches Wissen eignete – er war u. a. ein vortrefflicher Sanskritkenner – bearbeitete mit großem Geschick die Rituale des Schottischen Ritus und brachte dieses System und dessen Organisation erst auf die heutige Höhe. Eine große Anzahl den Durchschnitt überragender maurerischer Dichtungen und mehrere Bücher über Freimaurerei haben P. überlebt, vor allem sein Hauptwerk „Morals and Dogma", das, teilweise allerdings stark kompiltatorisch, eine umfassende ethische und philosophische Grundlehre des Schottischen Ritus gibt."

[47] Pike, Morals and Dogma of the Ancient and Accepted Scottish Rite of Freemasonry, S. 100.

[48] „Die Menschen aber, wegen ihrer eigenen Furcht vor dem Tode, lügen auch auf die Schwäne [...]. Ich halte aber auch mich dafür, ein Dienerschaftsgenoß der Schwäne zu sein und demselben Gotte [Apollon] heilig und nicht schlechter als sie das Wahrsagen zu haben von meinem Gebieter, also auch nicht unmutiger als sie aus dem Leben zu scheiden." (Platon, Phaidon, 85 a-b)

tiefgehender abgebildet wird. Über Platons für die Freimaurerei vorbildliche Gedankenbilder lässt sich nicht nur das eine „Harry Potter"-Hauptthema der Todesbereitschaft vertiefend betrachten (man denke an Harry über der Falltür[49] oder Ron auf dem Schachfeld[50]), sondern ebenso das durch die Gegenseite vertretene Hauptthema und seine künstlerische Darstellung höchst anschaulich hervorbringen: Die größte Angst von Voldemort, dem Erzfeind von Harry Potter, ist die Angst vor dem Tod,[51] weswegen Voldemort sich sogar noch „ans Leben klammert"[52], obwohl er eigentlich „[n]ur noch Schatten und Dunst"[53] ist, und sich daher „jemandes Körper teile[n]"[54] muss (den Körper von Quirrell) – sein großes Ziel ist mit dem Stein der Weisen einen „eigenen Körper"[55] zu erschaffen.

Vor diesem Hintergrund nun also die Annäherung an den komplexeren Gegenstand von Platons Philosophie.

---

[49] „Harry stieg über ihn [schlafender Fluffy/Cerberus] hinweg und blickte durch die Öffnung der Falltür. Er sah in bodenlose Schwärze. / Er stieg durch die Luke, bis er nur noch an den Fingerspitzen baumelte. Dann sah er hoch zu Ron und sagte: »Wenn mir etwas passiert, kommt nicht hinterher [...].« [...] Und Harry ließ sich fallen." (HP dt., I,16, S. 299)
[50] Bei ihrer Verfolgung des Magierbösewichts kommen Harry, Ron und Hermine zu einem magischen Schachfeld und müssen selbst zu Figuren werden, um weiterzukommen. Um den Weg für die anderen beiden frei zu machen, opfert Ron sich selbst und zwar todesmutig, denn die Konsequenz für ihn ist ungewiss. Die durchaus vorhandene Todesgefahr dabei kommt auch nach Rons Opfer zum Ausdruck durch Hermines Frage: „Was, wenn er –?" (HP dt. I,16, S. 307)
[51] Rowling: „Voldemort's fear is death, ignominious death. I mean, he regards death itself as ignominious. He thinks that it's a shameful human weakness, as you know. His worst fear is death [...]." (Zitiert nach: Mugglenet.com, Anelli/Spartz, Interview – Rowling)
[52] HP dt., I,15, S. 282.
[53] HP dt., I,17, S. 317 f.
[54] HP dt., I,17, S. 318.
[55] HP dt., I,17, S. 318.

2. DIE PLATONISCH-FAUSTISCHE PHILOSOPHEN-HYMNE VON HOGWARTS

Die Hymne der Schule, die zum Abschluss der Feierlichkeiten in der Großen Halle gesungen wird, endet mit den Worten:

> *So teach us things worth knowing,* [gerichtet an die Hogwarts-Schule]
> *Bring back what we've forgot,*
> *just do your best, we'll do the rest,*
> *And learn until our brains all rot.*[56]

Nun, was soll dieses „Bring back what we've forgot" im Kontext von Schule und Lernen bedeuten? Eine Antwortmöglichkeit erschließt sich über Platons „Phaidon", denn darin ist „Lernen nichts anders [...] als Wiedererinnerung":

> *Und eben das auch, sprach Kebes einfallend, nach jenem Satz, o Sokrates, wenn er richtig ist, den du oft vorzutragen pflegtest, daß unser Lernen nichts anders ist als Wiedererinnerung, und daß wir deshalb notwendig in einer früheren Zeit gelernt haben müßten, wessen wir uns wiedererinnern, und daß dies unmöglich wäre, wenn unsere Seele nicht schon war, ehe sie in diese menschliche Gestalt kam; so daß auch hiernach die Seele etwas Unsterbliches sein muß.*[57]

Oder noch deutlicher auf das „what we've forgot" bezogen an dieser Stelle:

> *Und wenn wir, meine ich, vor unserer Geburt sie besaßen und sie bei der Geburt verloren haben, hernach aber beim Gebrauch unserer Sinne an solchen Gegenständen eben jene Erkenntnisse wieder*

---

[56] HP engl., I,7, S. 137.
[57] Platon, Phaidon, 72 e-73 a.

aufnahmen, die wir einmal schon vorher hatten, ist dann nicht, was wir »lernen« heißen, das Wiederaufnehmen einer uns schon angehörigen Erkenntnis? Und wenn wir dies »wiedererinnern« nennen, werden wir es nicht richtig benennen?[58]

Die letzte Zeile der Schulhymne („And learn until our brains all rot.") ruft feierlich zu einem anhaltenden Lernen bis zum Tode auf – ebenfalls finden sich diese Moral und dieser Geist von Hogwarts zugleich bei Platon und auch anderen antiken Philosophen wieder, wie natürlich insbesondere bei den Platoniker, zu denen bspw. Apuleius und Plutarch gehören. Doch vor dem Hintergrund der deutschen Sprache und Kultur liegt der Gedanke wohl besonders nahe, in dieser Moral von Hogwarts das Wesen von Goethes Doktor Faust wiederzuerkennen, wie es allgemein hin bekannt ist und unter „faustisch" vom Duden als

stets nach neuem Erleben und Wissen, nach immer tieferen Erkenntnissen strebend und nie befriedigt[59]

definiert wird. Der lebenslange Drang des Lernens und Erkennens ist eben gleichermaßen das Thema von Goethes Doktor Faust.

Einen aufschlussreichen Hintergrund für dieses Thema der Wahrheitssuche bietet die Denkfigur der verschleierten Isis/Natur/Wahrheit, auf die im „Faust" noch im gleichen Absatz angespielt wird, in dem der Totenschädel als freimaurerisches Motiv der Dunklen Kammer auftaucht:

Was grinsest du mir hohler Schädel her?
Als daß dein Hirn, wie meines, einst verwirret,
Den leichten Tag gesucht und in der Dämmrung schwer,
Mit Lust nach Wahrheit, jämmerlich geirret.
Ihr Instrumente freylich, spottet mein,

---

[58] Platon, Phaidon , 75 c-e.
[59] Duden.de, Artikel „faustisch".

Mit Rad und Kämmen, Walz' und Bügel.
Ich stand am Thor, ihr solltet Schlüssel seyn;
Zwar euer Bart ist kraus, doch hebt ihr nicht die Riegel.
Geheimnißvoll am lichten Tag
Läßt sich Natur des Schleyers nicht berauben,
Und was sie deinem Geist nicht offenbaren mag,
Das zwingst du ihr nicht ab mit Hebeln und mit

Schrauben.[60]

Das Motiv der verschleierten Natur ist heute kaum mehr vertraut, doch zu Zeiten von Goethe und Mozart war es eine populäre Denkfigur, auf die sich beispielsweise Kant in seiner „Critik der Urtheilskraft" bezogen hatte:

Vielleicht ist nie etwas Erhabeneres gesagt oder ein Gedanke erhabener ausgedrückt worden, als in jener Aufschrift über dem Tempel der Isis (der Mutter Natur): „Ich bin alles, was da ist, was da war, und was da sein wird, und meinen Schleier hat kein Sterblicher aufgedeckt. "[61]

Mit dem Wortlaut dieser Isis-Selbstdarstellung bezieht sich Kant auf die Überlieferung von Plutarch in „Isis und Osiris",[62] die für das freimaurerische Umfeld von Goethe und Mozart noch im Besonderen bedeutungsvoll war aufgrund der darin befindlichen Darstellungen über die ägyptische Priesterschaft – erkannte man darin doch die Tradition und das Wesen der eigenen freimaurerischen Tempelarbeit wieder.[63] Im Wiener „Journal für Freymaurer", das auch Einfluss in Weimar hatte,[64] wird

---

[60] Faust I, V. 664-675.

[61] Kant, Kritik der Urteilskraft, S. 171.

[62] Plutarch, Isis und Osiris, Kap. 9, S. 14: „In Saïs hatte das Standbild der Athene, die man auch für die Isis hält, folgende Inschrift „ich bin das All, das Vergangene Gegenwärtige und Zukünftige, meinen Schleier hat noch kein Sterblicher gelüftet."

[63] Born, Ueber die Mysterien der Aegypter, S. 98 f. und S. 130 f. In diesem Sinne war ja auch Schillers Perspektive (Fn. 13).

[64] Dies wird besonders deutlich an Schillers „Die Sendung Moses", denn

nahelegt, dass Wahrheit, Weisheit und das Glück der Menschheit der Endzweck des ägyptischen Priestertums und der Freimaurerei seien,[65] und um das Wahrheitsstreben für die Isis-Priester aufzuzeigen wird der Anfang von Plutarchs „Isis und Osiris" im Journal zitiert, wo es dann unter anderem heißt:

> *Das Forschen nach Wahrheit ist daher ein edler Wunsch sich der Gottheit zu nähern. Sie ist die heiligste aller Beschäftigungen, die in unsern Mysterien vorgehen, die angenehmste jener Göttin, die als die weiseste in unsern Tempeln verehrt wird. Heißt Isis nicht eben so viel als Weisheit, und Typhon Stolz, der jener Feind und Verächter ist, der sich dem Fortgange der Eingeweihten in ächten Wissenschaften entgegen setzt. [...] Wird nicht aus diesem Grunde unser Tempel Iseium genannt, weil man nur durch die Kenntnis der Isis, das ist der Natur, zu jener der Gottheit gelanget.*[66]

Abb.: Typhon auf einer korinthischen Vase mit einem Schlangenkörper vom Bauch abwärts; bei Hesiod: „[...] *and from his shoulders there were a hundred heads of a serpent [...]*".[67]

Schiller weist am Ende darauf hin (S. 95), dass seinem Aufsatz als Grundlage die Schrift „Ueber die ältesten hebräischen Mysterien" von Br. Decius gedient habe – eine Schrift, die ursprünglich dem „Journal für Freymaurer" entstammt und dessen Urheber Carl Leonhard Reinhold ist. Reinhold war Bruder der „Wahren Eintracht", die das Journal herausgab, und zog 1784 nach Weimar, wo er sich den Weimarer Größen annäherte (auch Kant im nahen Jena), sogar in Wielands Familie einheiratete und weiterhin Beiträge für das Wiener Journal schrieb.

[65] „Ist Wahrheit, Weisheit und die Beförderung der Glückseligkeit des ganzen Menschengeschlechts nicht auch der eigentliche Endzweck unsrer Verbindung?" (Born, Ueber die Mysterien der Aegypter, S. 130)

[66] Born, Ueber die Mysterien der Aegypter, S. 127 f. Zitat bezieht sich auf: Plutarch, Isis und Osiris, Kap. 2 (S. 2-4).

[67] Hesiod, Theogony, 820-825.

Das Leitmotiv von Faust, dem ägyptischen Priester und dem Freimaurer ist gleichermaßen das Forschen nach Wahrheit, was sich allerdings gemäß dem Sinnbild der verschleierten Isis/Natur/Wahrheit zeitlebens nie im Finden der Wahrheit erfüllen kann, denn die Isis verdeckt den Sterblichen mit ihrem Schleier den Blick, sodass diese nie das Ganze, nie die ganze Wahrheit, erkennen können. Schiller trifft diesen Aspekt der Erkenntnisgrenzen in der irdischen Welt der Sterblichen mit prägnanten Worten in seinem Gedicht „Die Worte des Wahns" – zugleich ein Beispiel für die Gleichsetzung der Isis mit der Wahrheit:

> *Verscherzt ist dem Menschen des Lebens Frucht,*
> *[...]*
> *So lang' er glaubt, daß dem ird'schen Verstand*
> *Die Wahrheit je wird erscheinen,*
> *Ihren Schleier hebt keine sterbliche Hand,*
> *Wir können nur rathen und meynen.*[68]

Hingegen konnte sich die Erkenntnis des Ganzen nach bzw. durch den Tod erfüllen, wodurch der Mensch zugleich zum Ganzen gelangen konnte, wo er unsterblich werden würde – wie Schiller in seinem nicht weniger prägnanten Zweizeiler „Unsterblichkeit" widerspiegelt:

> *Vor dem Tod erschrickst du? Du wünschest unsterblich*
> *zu leben?*
> *Leb' im Ganzen! Wenn Du lange dahin bist, es bleibt.*[69]

Von Plutarch wird die Vorstellung von der „Zurückbringung der Seele zu dem Ganzen"[70] als eine Art Elysium und überirdische Jenseitswelt beschrieben.[71] Doch wie sich bei Schiller und an anderen Stellen bereits andeutete, gelangt der Mensch eben nicht durch seinen bloßen Tod in diese

---

[68] Schiller, Die Worte des Wahns, S. 142 f.
[69] Schiller, Unsterblichkeit, S. 136.
[70] Plutarch, Ueber die Unsterblichkeit der Seele, S. 85.
[71] Plutarch, Isis und Osiris, Kap. 79, S. 140.

Jenseitswelt, sondern er muss eine besondere Einstellung in sich tragen bzw. vorbereitet sein. Dabei meint die Unsterblichkeit in der Jenseitswelt noch etwas anderes als der obige Befund aus dem „Phaidon", dass „die Seele etwas Unsterbliches sein muß". Ein genauerer Blick in Platons „Phaidon" kann neben weiteren Hintergründen diesen Unterschied verdeutlichen, der zugleich das gegensätzliche Wesen von Harry und seinem Erzfeind Voldemort markiert.

3. PLATONS „PHAIDON":
JENSEITIGE UNSTERBLICHKEIT IM KÖRPERLOSEN
VERSUS
IRDISCHE UNSTERBLICHKEIT IN WECHSELNDEN KÖRPERN

3.1 LIEBE DER WEISHEIT

Im „Phaidon" führt die Begierde des Lernens zur Anschauung der Wahrheit und in die Jenseitswelt, die mangels treffender Worte mit dem Sinnbild von der Aufnahme in den Kreis der Götter umschrieben wird:

> *In der Götter Geschlecht ist wohl keinem, der nicht philosophiert hat und vollkommen rein abgeschieden ist, vergönnt zu gelangen, sondern nur dem Lernbegierigen.*[72]

Und für den Philosophierenden (= Weisheitsliebenden) findet dieses Streben nach Wissen/Weisheit im Leben auf der Erde kein Ende bis zum Tode:

> *Und dann erst offenbar werden wir haben, was wir begehren und wessen Liebhaber wir zu sein behaupten, die Weisheit, wenn wir tot sein werden, wie die Rede uns andeutet, solange wir leben aber nicht. Denn wenn es nicht möglich ist, mit dem Leibe irgend etwas rein zu erkennen,*

---

[72] Platon, Phaidon, 82 b-c.

so können wir nur eines von beiden: entweder niemals zum
Verständnis gelangen oder nach dem Tode. Denn alsdann
wird die Seele für sich allein sein, abgesondert vom Leibe,
vorher aber nicht.[73]

Entsprechend ist der Tod in Platons „Phaidon" etwas
Positives, auf das sich der Philosoph nach Möglichkeit sein
„ganzes Leben"[74] versucht vorzubereiten:

In der Tat also, o Simmias, trachten die richtig
Philosophierenden danach, zu sterben, und der Tod ist
ihnen unter allen Menschen am wenigsten furchtbar.[75]

Hingegen steht der menschliche Körper dem Erkennen des
Wahren im Wege, weswegen der Mensch seinen Geist bzw.
seine Seele nach Möglichkeit von den Einflüssen des
Körpers unabhängig machen und reinigen sollte:

Und wird nicht das eben die Reinigung sein, was schon
immer in unserer Rede vorgekommen ist, daß man die
Seele möglichst vom Leibe absondere und sie gewöhne,
sich von allen Seiten her aus dem Leibe für sich zu
sammeln und zusammenzuziehen und so viel als
möglich, sowohl gegenwärtig, als hernach, für sich
allein zu bestehen, befreit, wie von Banden, von dem
Leibe?
Allerdings, sagte er.
Heißt aber dies nicht Tod: Erlösung und Absonderung
der Seele von dem Leibe?
Allerdings, sagte jener.

---

[73] Platon, Phaidon, 66 e-67 a.

[74] Platon, Phaidon, 64 a-b: „Nämlich diejenigen, die sich auf rechte Art mit
der Philosophie befassen, mögen wohl, ohne daß es freilich die andern
merken, nach gar nichts anderm streben, als nur zu sterben und tot zu sein.
Ist nun dieses wahr, so wäre es ja wohl wunderlich, wenn sie ihr ganzes
Leben hindurch zwar sich um nichts anderes bemühten als um dieses, wenn
es nun aber selbst käme, hernach wollten unwillig sein über das, wonach sie
lange gestrebt und sich bemüht haben."

[75] Platon, Phaidon, 67 d-e.

*Und sie zu lösen streben immer am meisten, sagte er,
nur allein die wahrhaft Philosophierenden; und eben
dies also ist das Geschäft der Philosophen: Befreiung
und Absonderung der Seele von dem Leibe; oder nicht?
Offenbar.*

*Also wäre es ja, wie ich anfänglich sagte, lächerlich,
wenn ein Mann, der sich in seinem ganzen Leben
darauf eingerichtet hätte, so nahe als möglich an dem
Gestorbensein zu leben, hernach, wenn eben dieses
kommt, sich ungebärdig stellen wollte?*[76]

3.2 LIEBE DES KÖRPERS

Im Gegensatz zur Weisheitsliebe steht die Liebe des
Körpers, die sich entsprechend gegensätzlich durch den
Unwillen zu sterben auszeichnet:

*Also, sagte er, ist dir auch das wohl ein hinlänglicher
Beweis von einem Manne, wenn du ihn unwillig siehst,
indem er sterben soll, daß er nicht die Weisheit liebte,
sondern den Leib irgendwie; denn wer den liebt, der ist
auch geldsüchtig und ehrsüchtig, entweder eines von
beiden oder beides.*[77]

Ist des Menschen Geist/Seele bis zum Tode den irdisch
körperlichen Lüsten sehr erlegen, so ist seine Seele
gleichermaßen noch nach dem Tod an diese Lüste
gebunden, sodass sie nicht zur Jenseitswelt gelangt, sondern
auf der Erde verbleibt und sich dort an einen neuen Körper
bindet:

*Wenn sie aber, meine ich, befleckt und unrein von dem
Leibe scheidet, weil sie eben immer mit dem Leibe
verkehrt und ihn gepflegt und geliebt hat und von ihm
bezaubert gewesen ist und von den Lüsten und*

---

[76] Platon, Phaidon, 67 c-d.
[77] Platon, Phaidon, 68 b-c.

Begierden, so daß sie auch glaubte, es sei überhaupt gar nichts anderes wahr als das Körperliche, was man betastet und sieht, ißt und trinkt und zur Liebe gebraucht, und weil sie das für die Augen Dunkle und Unsichtbare, der Vernunft hingegen Faßliche und mit Wahrheitsliebe zu Ergreifende gewohnt gewesen ist zu hassen und zu scheuen und zu fürchten, – meinst du, daß eine so beschaffene Seele sich werde rein für sich absondern können?

Wohl nicht im mindesten, sprach er.

Sondern durchzogen von dem Körperlichen, womit sie durch den Umgang und Verkehr mit dem Leibe, wegen des ununterbrochenen Zusammenseins und der vielen Sorge um ihn, gleichsam zusammengewachsen ist?

Freilich.

Und dies, o Freund, muß man doch glauben, sei unbeholfen und schwerfällig, irdisch und sichtbar, so daß auch die Seele, die es an sich hat, schwerfällig ist und wieder zurückgezogen wird in die sichtbare Gegend aus Furcht vor dem Unsichtbaren und der Geisterwelt, wie man sagt, an den Denkmälern und Gräbern umherschleichend, an denen, daher auch allerlei dunkle Erscheinungen von Seelen gesehen worden sind, wie denn solche Seelen wohl Schattenbilder darstellen müssen, welche nicht rein abgelöst sind, sondern noch teil haben an dem Sichtbaren, weshalb sie denn auch gesehen werden.

Das leuchtet wohl ein, o Sokrates.

Und freilich leuchtet auch ein, o Kebes, daß dies nicht die Seelen der Guten sind, sondern die der Schlechten, welche um dergleichen gezwungen sind herumzuirren, Strafe leidend für ihre frühere Lebensweise, welche schlecht war. Und so lange irren sie, bis sie durch die Begierde des sie noch begleitenden Körperlichen wieder gebunden werden in einen Leib. Und natürlich werden sie in einen von solchen Sitten gebunden, deren sie sich befleißigt hatten im Leben.[78]

---

[78] Platon, Phaidon, 81 a-e.

So ist die Seele zwar an sich unsterblich, doch um das Wahre erkennen zu können, muss sie sich loslösen aus dem Kreislauf der Wiedergeburten im Irdisch-Körperlichen, wodurch sie zu dem „immer seienden Unsterblichen"[79] in der Jenseitswelt gelangen kann:

> *Welche nun unter diesen durch Weisheitsliebe sich schon gehörig gereinigt haben, diese leben für alle künftigen Zeiten gänzlich ohne Leiber und kommen in noch schönere Wohnungen als diese, welche weder leicht wären zu beschreiben, noch würde die Zeit für diesmal zureichen.*[80]

4. VOLDEMORT: DER LIEBHABER DES KÖRPERS UND SEINE ROLLE BEI HARRYS EINWEIHUNG

4.1 DAS WESEN VON VOLDEMORT ALS DIE KÖRPER-LIEBENDE SEELE

Im Wesen von Voldemort lässt sich leicht die im „Phaidon" beschriebene Seele wiedererkennen, die eben nicht die Weisheit liebt, sondern den Körper. Zunächst gibt Voldemorts Wesen, das „[n]ur noch Schatten und Dunst"[81] ist, die Gestalt der Seele wieder, wie sie im „Phaidon" beschrieben wird als Schattenbild[82] oder Hauch[83] bzw.

---

[79] Platon, Phaidon, 79 d-e: „Wenn sie aber durch sich selbst betrachtet, dann geht sie zu dem reinen, immer seienden Unsterblichen und sich stets Gleichen, und als diesem verwandt hält sie sich stets zu ihm, wenn sie für sich selbst ist und es ihr vergönnt wird, und dann hat sie Ruhe von ihrem Irren und ist auch in Beziehung auf jenes immer sich selbst gleich, weil sie eben solches berührt, und diesen ihren Zustand nennt man eben die Vernünftigkeit?"

[80] Platon, Phaidon, 114 c.

[81] HP dt., I,7, S. 317 f. Im Original: „Mere shadow and vapour ... I have form only when I can share another's body [...]." (HP engl., I,17, S. 315)

[82] Platon, Phaidon, 81 d: „[...] wie denn solche Seelen wohl Schattenbilder darstellen müssen [...]."

Rauch. Seinen eigentlichen Körper hatte Voldemort bereits verloren, doch für ihn gibt es nur das Streben nach Macht,[84] worin sich eine irdisch-körperliche Begierde erkennen lässt, die Voldemorts Seele entsprechend an das Irdische bindet, wo die Seelen bald „wieder gebunden werden in einen Leib"[85]. So bindet sich Voldemort an den Körper von Quirrell, der des Weiteren seinem Wesen und seinen „Sitten" entspricht:

> *Quirrell, voll Hass, Gier und Ehrgeiz, der seine Seele mit der Voldemorts teilt, konnte dich* [Harry] *aus diesem Grund nicht anrühren.*[86]

Hier ist der angesprochene Grund mit der Liebe von Harrys Mutter verbunden,[87] die ihr Leben geopfert hatte, um Harry zu retten – doch vielleicht mag sich dahinter zugleich folgende Vorstellung aus dem „Phaidon" verbergen:

> *Dem Nichtreinen aber mag Reines zu berühren wohl nicht vergönnt sein.*[88]

Jedenfalls wird nach dem Tod von Quirrell das Wesen von Voldemort als Seele mit Hang zum Irdisch-Körperlichen nochmals deutlich erkennbar, denn Voldemort ist „nicht für

---

[83] „Hauch" ja auch eine Bedeutung vom griech. Wort „psyche". Platon, Phaidon 69 e-70a: „O Sokrates, das andere dünkt mich alles gar schön gesagt; nur das von wegen der Seele findet großen Unglauben bei den Menschen, ob sie nicht, wenn sie vom Leibe getrennt ist, nirgend mehr ist, sondern an jenem Tage umkommt und untergeht, an welchem der Mensch stirbt, und sobald sie von dem Leibe sich trennt und ausfährt wie ein Hauch oder Rauch, auch zerstoben ist und verflogen, und nirgend nichts mehr ist.
[84] HP dt., I,17, S. 316: „Lord Voldemort hat mir gezeigt [...] es gibt nur Macht, und jene, die zu schwach sind, um nach ihr zu streben [...]."
[85] Platon, Phaidon, 81 e.
[86] HP dt., I,17, S. 323 f.
[87] Im Übrigen ist Mutterliebe in Goethes wenig bekanntem Fortsetzungsteil der „Zauberflöte" ein wesentliches Thema: „Sieh, das Wasser, sieh, das Feuer / Macht der Mutterliebe Platz." (Goethe, Der Zauberflöte zweyter Theil, S. 232)
[88] Platon, Phaidon, 67 b.

immer auf und davon"[89], sondern am Ende des ersten Bandes ist Voldemort „immer noch irgendwo da draußen, vielleicht auf der Suche nach einem anderen Körper, der ihn aufnimmt". Und tatsächlich wird Voldemort zurückkehren und als Harrys Gegenspieler mit seinem todesfürchtigem Wesen[90] das Thema in allen folgenden Bänden bis hin zum letzten siebten Band prägen.

4.2 Die Schlange als Einweihungsprüfung

Harrys Sieg über Voldemort im letzten Band eröffnet für das Wesen von Voldemort noch eine zweite Ebene, auf der Voldemort für Harry die Funktion eines Prüfsteins auf dem Weg zur Einweihung hat. Mit dem Hintergrundwissen über das Einweihungsthema lässt sich dies bereits im ersten Band aus Harrys Gedanken entnehmen, denn, statt Voldemort mit allen verfügbaren Kräften entgegenzutreten, scheint dies bewusst als eine Prüfung speziell für Harry und seine Freunde arrangiert worden zu sein:

>»Er ist ein merkwürdiger Mensch, dieser Dumbledore [der Schulleiter von Hogwarts]. Ich glaube, er wollte mir eine Chance geben. Er weiß wohl mehr oder weniger alles, was hier vor sich geht [erinnert prinzipiell an den Oberpriester Sarastro aus der „Zauberflöte"[91]]. Ich wette, er hat recht gut geahnt, was wir vorhatten, und anstatt uns aufzuhalten, hat er uns gerade genug beigebracht, um uns zu helfen. Dass er mich herausfinden ließ, wie der Spiegel wirkt, war wohl kein Zufall. Mir kommt es fast so vor, als meinte er, ich hätte das Recht, mich Voldemort zu stellen, wenn ich konnte ...«[92]

---

[89] HP dt., I,17, S. 322 f.

[90] Rowling: „Voldemort's fear is death, ignominious death. I mean, he regards death itself as ignominious. He thinks that it's a shameful human weakness, as you know. His worst fear is death [...]." (Zitiert nach: Mugglenet.com, Anelli/Spartz, Interview – Rowling)

[91] Sarastro: „Ich weis alles. – Weis, daß sie [die Königin der Nacht] in unterirdischen Gemächern des Tempels herumirrt, und Rache über mich und die Menschheit kocht [...]." (ZF, II,12, S. 40)

[92] HP dt., I,17, S. 327 f.

Hinsichtlich Voldemorts eigener körperlicher Erscheinung, die sich im ersten Band als zweites Gesicht an Quirrells Hinterkopf offenbart und zum Teil „einer Schlange gleich"[93] ist, mag man an Apollons Kampf gegen die Riesenschlange Python denken, was ja als Karikatur den Auftakt von Mozarts „Zauberflöte" bildet.

↓ Abb.: Apollon, der Sonnengott nach seiner ersten Heldentat, der Erlegung des Schlangendrachen Python mit Pfeil und Bogen ↓

↑ Abb.: Tamino auf der Flucht vor einer Riesenschlange – der Beginn der „Zauberflöte" (I,1):
Tamino kommt [...] mit einem Bogen, aber ohne Pfeil; eine Schlange verfolgt ihn.

TAMINO. Zu Hülfe! zu Hülfe! sonst bin ich verloren, / Der listigen Schlange zum Opfer erkoren. / Barmherzige Götter! schon nahet sie sich; / Ach rettet mich! ach schützet mich!
Er fällt in Ohnmacht [...]. ↑

---

[93] HP dt., I,17, S. 318.

Bei Apollon mag man noch ganz im Sinne der Interpretatio Graeca an den ägyptischen Sonnengott Horus denken, der mehrere Kämpfe gegen seinen schlangenartigen Gegenspieler Typhon ausfechten musste.[94] Die Nachahmung des Sonnengottes ist ein Urbild der Mysterieneinweihung, was sich für das Schlangenthema an dieser Stelle bei Plutarch andeutet:

Osiris freute sich, als er dies hörte, weil ihm nun Horos hinlänglich zum Kampfe gerüstet schien. Weiter wird erzählt, daß als immer mehr von der Gegenpartei zum Horos übergingen, auch Typhon's Kebsweib Thueris anlangte. Eine sie verfolgende Schlange ward vom Horos zerhauen. Deshalb wird noch jetzt [bei den Weihen]* ein Strick hingeworfen und zerhauen.[95]

*Anmerkung im Original durch den Übersetzer Parthey

Sehr naheliegend mag dann noch der Gedanke an die Schlange als der böse Gegenspieler aus der christlichen Erzähltradition sein, etwa wie im Johannesevangelium der Teufel als Schlangendrache und großer Verführer beschrieben wird.[96] Das große Mysterium des Christentums behandelt mit dem Tod und der Aufstehung von Jesus Christus ja eigentlich den gleichen Weg, den auch Psyche in Apuleius' „Metamorphosen" geht: Den Gang in die Unterwelt mit anschließender Himmelfahrt. Und auch die gleiche Botschaft von der Unsterblichkeit der Seele lässt sich wiedererkennen:

---

[94] Man denke ebenso an den Kampf des Sonnengottes Re/Ra gegen die Riesenschlange Apophis/Apep.
[95] Plutarch, Isis und Osiris, Kap. 19, S. 31.
[96] Offb 12,9: „Er wurde gestürzt, der große Drache, die alte Schlange, die Teufel oder Satan heißt und die ganze Welt verführt; der Drache wurde auf die Erde gestürzt und mit ihm wurden seine Engel hinabgeworfen."

Gott hat ihn [Jesus] von den Toten auferweckt, so wirst du gerettet werden.[97]

Ähnlich wie Jesus nach drei Tagen auferstanden ist, kommt auch Harry nach seiner Begegnung mit Voldemort/Quirrell in den unterirdischen Gefilden von Hogwarts („a complete secret"[98]) erst nach drei Tagen[99] wieder zurück zu Bewusstsein. Voldemort spielt bei der Begegnung die Rolle des Verführers, indem er Harrys Moral und Todesbereitschaft auf die Probe stellt:

>>Rette besser dein eigenes Leben und schließ dich mir an ... oder du wirst dasselbe Schicksal wie deine Eltern erleiden ... Sie haben mich um Gnade angefleht, bevor sie gestorben sind ...«[100]

Darin lässt sich die Rolle des Teufels als Verführer bei Jesus' Abstieg in die Unterwelt wiedererkennen:

Da nun die Kinder von Fleisch und Blut sind, hat auch er [Jesus] in gleicher Weise daran Anteil genommen, um durch den Tod den zu entmachten, der die Gewalt über den Tod hat, nämlich den Teufel, und um die zu befreien, die durch die Furcht vor dem Tod ihr Leben lang der Knechtschaft verfallen waren. [...] Denn da er gelitten hat und selbst in Versuchung geführt wurde, kann er denen helfen, die in Versuchung geführt werden.[101]

---

[97] Röm 10,9.

[98] Allerdings ist die Verwendung von „secret" als Einweihungsmysterium nicht eindeutig – dennoch zu lesen ist: „What happened down in the dungeons between you and Professor Quirrell is a complete secret [...]". (HP engl., I,17, S. 317 f.)

[99] HP dt., I,17, S. 321.

[100] HP dt., I,17, S. 318.

[101] Hebr 2,14-18.

4.3 Der Zweigesichtige als Mysteriensinnbild für das Ein und Alles bzw. das Ganze

Eine weitere Sinnebene mag sich noch über die zweigesichtige Erscheinungsform von Voldemort eröffnen, die sich als Darstellung eines Mysteriensinnbildes deuten lässt, bei dem man bspw. an den zweiköpfigen römischen Gott Janus denken kann, wie er im Siegel einer Loge erscheint, das im „Journal für Freymaurer" abgedruckt ist.

Abb.: Frontispiz aus dem „Journal für Freymaurer" (Ausg. 3,1)

Oberes Siegel: Der zweigesichtige Januskopf, bestehend aus einem jungen und einem alten Gesicht, ist rechts oben dargestellt

Unteres Siegel: Die verschleierte Isis (wird für Voldemort noch in diesem Kap. 4.3 von Bedeutung werden), mit verhülltem Gesicht bei entblößten Brüsten, ist links oben dargestellt; dazu im Rahmen die Worte „SVM TVI ERO NVNQVAM DETECTA." („Ich wurde dir nie enthüllt.")

Auf dieser Ebene wären dann die zwei Köpfe als Gegensätze zu verstehen, denn Janus trägt ein jugendliches und ein gealtertes Gesicht, die für Anfang und Ende oder auch Zukunft und Vergangenheit stehen. Der Gedanke liegt nicht fern, diese Gegensätze auszuweiten und darin ein Sinnbild für das Ganze zu sehen, wie Gott im Johannesevangelium dargestellt wird („Ich bin das Alpha und das Omega, der Erste und der Letzte, der Anfang und das Ende."[102]), oder auch Baphomet von Éliphas Lévi.[103] So zeigt ein Teppich aus der freimaurerischen Strömung der sog. Asiatischen Brüder einen männlichen und einen weiblichen Kopf,[104] und ein weiterer Teppich zeigt die zur Einheit zusammengewachsenen Körper von Mann und Frau.[105] Im Übrigen zeigt dieser letztere Teppich dazu noch zwei Sphinxen, über die sich eine interessante Verbindung zu Janus herstellen lässt, denn die ägyptische Gottheit Aker wurde als Sphinxenpaar oder auch als körperlich vereinte Doppelsphinx dargestellt – also mit Zweiköpfen auf einem zusammengewachsenen Körper.

Abb.: Baphomet als Verkörperung von verbundenen Gegensätzen und des Absoluten/Ganzen – bspw. die Schlangen, die wie die Halbmonde Weiß und Schwarz verbinden; in der Mitte der Schlangen ein Phallus in Ergänzung zu den Brüsten; auf den Armen die alchemistische Schlüsselformel „solve et coagula" („löse und verbinde"), die auch Rowling auf dem Unterarm tätowiert hat. Lévi u.a. Autor von „Histoire de la magie" (≈ „A History of Magic"), über Baphomet schreibt" er in „Dogme et Rituel de la Haute Magie":
[...] *he makes the sign of occultism with both hands, pointing upward to the white moon of Chesed, and downward to the black moon of Geburah. This sign expresses the perfect harmony of mercy with justice. One of the arms is feminine and the other masculine, as in the androgyne of Khunrath, whose attributs we have combined with those of our goat, since they are one and the same symbol. The torch of intelligence burning between the horns is the magical light of universal equilibrium; it is also the type of the soul exalted above matter, even while connecting with matter, as the flame connects with the torch.* [...] (wie Fn. 103, S. 209)

---

[102] Offb 22,13.
[103] Lévi, Éliphas, Transcendental magic. Its doctrine and ritual, S. 208 f.
[104] Irmen, Hans-Josef, Mozart. Mitglied geheimer Gesellschaften, S. 361.
[105] Irmen, Mozart, S. 373.

egel aus dem „JF" im etail mit Janus r.o.

Bärtiger Janus auf einer römischen Münze

Janus in ganzer Gestalt auf einem Medaillon

Abbildung von Janus in einem Lexikonartikel

Die beiden Köpfe von Aker standen wie bei Janus für Vergangenheit und Zukunft bzw. stellte der eine Kopf den Eingang in die Unterwelt dar und der andere Kopf den Ausgang. Damit bewachte Aker die Übergänge der Unterwelt, was nicht unähnlich ist zu Janus, der Schutzgott der Übergänge und Wächter der Pforten war (januae = Pforte/Zugang). So öffnete und schloss Janus auch die Pforten des Himmels und der ägyptische Sonnengott, der jede Nacht durch die Unterwelt reiste, kam jeden Morgen aus der Gottheit Aker hervor, um seine tägliche Reise über den Himmel anzutreten – was an die Symbolik des dreiköpfigen Wachhundes Fluffy anschließen würde, der auf den Höllenhund Cerberus anspielt und Harrys Weg zu Voldemort durch die Falltür als Reise in die Unterwelt versinnbildlicht.

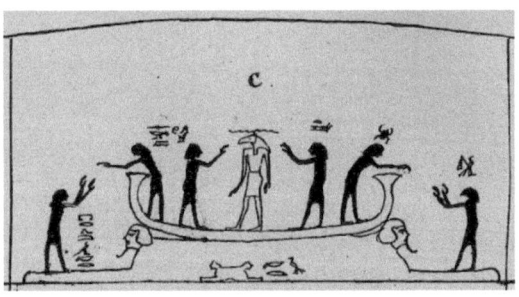

Abb.: Unten die Gottheit Aker, dargestellt durch zwei Männerköpfe mit eigenen Löwenvorderbeinen, aber nur einem gemeinsamen Körper; mittig der Sonnengott mit Widderkopf, seiner nächtlichen Gestalt

Abb.: Der obere Bildteil zeigt bereits eine Mischform des Sonnengottes aus Widdergestalt und Falkengestalt – der Falke oder auch die Flügelsonne zwischen Aker ist eine geläufige Darstellung für den Sonnenaufgang, worauf Harrys Erscheinung des Schnatzes (magischer Vogel, der aussieht wie eine Fügelsonne) im Finale bei Voldemort anzuspielen scheint

Auch galten die beiden Köpfe Akers als die Göttin Tefnut und der Gott Schu, mit denen die Zweiheit in die Welt kam. Dabei stehen diese Motive durch die Bindung der Zweiheit der Welt in einem Körper für das Ein und Alles, wie es auch in der Selbstdarstellung der Isis zum Ausdruck kommt:

ich bin das All, das Vergangene Gegenwärtige und Zukünftige, meinen Schleier hat noch kein Sterblicher gelüftet.[106]

In diesem Sinnbild ist die Isis ebenfalls eine Einheit, das eine Wesen, das alles ist. Nicht zufällig[107] scheint Voldemort in seiner Erscheinungsform als Tom Riddle dann im Finale des zweiten Bandes („Chamber of Secrets") die Worte der Isis zu gebrauchen, wie sie in der obigen Übersetzung von Parthey gegenüber der Kantschen besser wiederzuerkennen sind:

»Voldemort«, sagte Riddle sanft, »ist meine Vergangenheit, meine Gegenwart und meine Zukunft, Harry Potter ...«[108]

Die Bedeutung des Zweigesichtigen als Mysteriensinnbild für das Ganze lässt sich noch anhand von Plutarchs „Über die Unsterblichkeit der Seele" vertiefen:

Gleiche Bewandtniß hat es mit dem Worte ,Ololemai', welches sich auf die Versezzung und Zurückbringung der Seele zu dem Ganzen bezieht. Von diesem hat die Seele gar keine Kenntniß, so lange sie hier lebt; nur erst nach dem Tode gelangt sie dazu, und dann geht mit ihr eben die Veränderung vor, welche diejenigen

---

[106] Plutarch, Isis und Osiris, Kap. 9, S. 14.
[107] Siehe dazu auch Voldemorts Tochter Delphi im „Harry Potter"-Theaterstück: „I am the new past. [...] I am the new future. [...] I am the answer this world has been looking for." (HP and the Cursed Child, III,16, P. 3941 ff.)
[108] HP dt., II,17, S. 322.

erfahren, die in großen Mysterien eingeweihet werden.
Daher kommt es, daß die Wörter, welche ,sterben' und
,eingeweiht werden' bedeuten, eben so wie die Sache
selbst, einander sehr ähnlich sind.[109]

Harrys Weg zu Voldemort ist zum einen als
Einweihungsweg versinnbildlicht (Flöte aus dem
Einweihungsweg der „Zauberflöte), zum anderen ist Harrys
Weg nicht nur eine symbolische Todeserfahrung
(Fluffy/Cerberus), sondern sogar auf der normalen
Handlungsebene eine Nahtoderfahrung („Die Anstrengung
hat dich [Harry] fast umgebracht. Einen schrecklichen
Moment lang hielt ich dich für tot.“[110]), bei der Harry drei
Tage lang das Bewusstsein verliert bzw. in Schlaf verfällt –
der Schlaf dient bei Plutarch ebenfalls der Absonderung der
Seele vom Körperlichen.[111] So ist Harrys Weg eine Todes-
und Einweihungserfahrung, wodurch er zum
Zweigesichtigen gelangt, der sinnbildlich eine Art Kenntnis
und Schau des Ganzen ausdrückt – eine Annäherung von
Harry an das Ganze.

4.4 Kl. Einordnung der Bilder aus unterschiedlichen Lehr- und Glaubensarten als Neuplatonismus und Freimaurerei

Um die Herangehensweise über die vielen unterschiedlichen
Gedankenbilder zu Voldemort noch einwenig einzuordnen,
sei noch der Hinweis gegeben, dass die Vermischung und
Zusammenführung unterschiedlicher Lehr- und

---

[109] Plutarch, Ueber die Unsterblichkeit der Seele, S. 85.
[110] HP dt., I,17, S. 322.
[111] Plutarch, Ueber die Unsterblichkeit der Seele, S. 87: „[...] und das größte
Vergnügen, das er [der Schlaf] uns macht, besteht darinn, daß er uns von
einem sehr lästigen und drückenden Verhältnisse befreit, demjenigen
nämlich, welches die Seele an den Körper bindet. Denn im Schlafe sondert
sich die Seele ab, sie kehrt zu sich selbst zurück und sammelt sich wieder,
statt daß sie vorher an den Körper gefesselt und in so viele Sinne zerstreut
war.“

Glaubensarten (die Magie von Lévi zusammen mit den unterschiedlichen Mysterien von Ägyptern, Griechen und Christen) der Schule des Neuplatonismus entspricht, wie diese im „Journal für Freymaurer" beschrieben wird als eine „Schule, die aus den Mysterien aller Völker und Weisen des Alterthums schöpfte, die ächte hermetische Wissenschaft, und durch selbe die heiligsten Geheimnisse der Theurgie und Magie zu besitzen vorgab"[112] und wovon sich demnach die (wissenschaftliche) Freimaurerei herschreibt. Platon selbst erscheint dort als Eingeweihter und Übermittler der ägyptischen Mysterien.[113] Darüber hinaus wird an folgender Stelle Voldemorts Weg in Quirrells Körper passend beschrieben und zugleich die Aufgabe von Hogwarts als Vorbereitung auf den Tod ersichtlich – was zum nächsten Themenpunkt überleiten soll:

Diese Läuterung aber ist nicht das Werk eines Tages, oder eines Jahres, sondern gewissermaßen unseres ganzen Lebens. Sie geschieht stuffenweise oder durch Grade, die man in der Entsinnlichung seiner selbst durchzuarbeiten hat. [...] Man hat alle Ursache in dieser Selbstläuterung nichts zu verabsäumen; denn geschähe es, daß man nicht genug geläutert oder vielleicht durch ein lasterhaftes Leben noch mehr verunreiniget, diesen Körper verließe, so ist es eine natürliche Folge, daß wir wieder von einem andern, unserer Seelenrinde verwandten Thier- oder Menschenkörper umzogen, in selben hineinwandern müßten, und uns also unser Elend entweder verlängerten oder vermehrten.[114]

---

[112] Kreil, Anton, Geschichte der Neuplatoniker, S. 5 f.
[113] Kreil, Geschichte der Neuplatoniker, S. 25
[114] Kreil, Geschichte der Neuplatoniker, S. 45.

5. Todesbereitschaft und Vorbereitung auf den Tod als das Wesen und Thema von Harry, seinen Freunden und Hogwarts

5.1 Weisheit und Humanität

Der Weg von Harry und seinen beiden Freunden Ron und Hermine zum Stein der Weisen bzw. zu Voldemort ist symbolisch ein Gang in die Unterwelt, auf dem sie auch auf der ganz normalen Handlungsebene eine erstaunliche Todesbereitschaft zeigen – hierzu waren Harrys Sprung/Fall in die „bodenlose Schwärze"[115] der Falltür und Rons Opfer im Schachspiel als zwei herausragende Beispiele genannt.[116] Und natürlich ist überhaupt das ganze Vorhaben, sich einem erwachsenen, mächtigen Magierbösewicht entgegenzustellen, überaus todesmutig. In diesem Todesmut zeigt sich die gegenteilige Einstellung zum im „Phaidon" beschriebenen körperliebenden und todesfürchtigen Wesen, das von Voldemort vertreten wird. Entsprechend dem „Phaidon" sind Harry und seine Freunde auf dem Wege richtig zu philosophieren. Hinter der Umschreibung „Weisheitsliebe" und hinter der Opferbereitschaft der drei Freunde (womit ja der Sieg des Bösewichts abgewendet werden soll) lässt sich auch das Streben nach Gerechtigkeit und Humanität wiedererkennen, wie sich dieses bei Platon[117] findet oder dieses von Albert Pike für „a Grand Elect, Perfect, and Sublime Mason" beschrieben wird (dazu Rons

---

[115] HP dt., I,16, S. 299.

[116] Siehe: Fn. 49 u. 50.

[117] Bei Platon ist die Erreichung der Glückseligkeit auch mit tätiger Gerechtigkeit verbunden – bspw. im „Gorgias": „Und so muß man von der Rhetorik und jeglicher anderen Tätigkeit Gebrauch machen, nämlich stets für das Gerechte. So laß dich denn überreden und folge mit dahin, wo du im Leben und im Tode glückselig sein sollst, wie dein eigener Mund bezeugt! [...] Laß uns nun den Satz, der jetzt zutage gekommen ist, gleichsam als Wegweiser benutzen: Er zeigt uns, daß dies die beste Lebensweise ist, wenn man im Leben und im Tode die Gerechtigkeit und überhaupt die Tugend übt." (Platon, Gorgias, 527 c-e)

Schachopfer wieder besonders beispielhaft):

He is content to fall early in the battle, if his body may but form a stepping-stone for the future conquests of humanity.[118]

5.2 Instruktion in die Todesbereitschaft

Nach seinem Gang in die Unterwelt erhält Harry von seinem Schulleiter Dumbledore ein paar Weisheiten, die an eine Freimaurerrede zur Instruktion erinnern – also eine Rede, mit welcher dem Eingeweihten nach dem Ritual die Inhalte und Symbole seiner Prüfung mit erklärenden Worten nähergebracht werden. Hierzu gehören beispielsweise die Erklärungen über Quirrells Wesen und warum dieser Harry nicht anfassen konnte. Besonders bemerkenswert sind folgende Weisheitsworte von Dumbledore:

Schließlich ist der Tod für den gut vorbereiteten Geist nur das nächste große Abenteuer. Weißt du, eigentlich war der Stein gar nichts so Wundervolles. Geld und Leben, so viel du dir wünschst! Die beiden Dinge, welche die meisten Menschen allem andern vorziehen würden – das Problem ist, die Menschen haben den Hang, genau das zu wählen, was am schlechtesten für sie ist.[119]

Nach diesen Weisheitsworten zeigt Dumbledore noch ein wortloses Verhalten, was ich nicht unerwähnt lassen möchte:

Dumbledore summte ein wenig und lächelte die Decke an.[120]

---

[118] Pike, Morals and Dogma of the Ancient and Accepted Scottish Rite of Freemasonry, S. 229.
[119] HP dt., I,17, S. 322 f.
[120] HP dt., I,17, S. 323.

Dahinter mag man derartige Vorstellungen aus der Freimaurerei wiedererkennen, wonach Worte allein für die Instruktion unzureichend sind und der Meister sich anderer Mittel bedient:[121] Also Dumbledore deutet mit dem Blick gen Himmel den Ort an, wo im Idealfall und im Sinnbild Platons die gute Vorbereitung des Geistes und das nächste Abenteuer nach dem Tod hinführen sollte.[122] Im Übrigen ist dies auf der sinnbildlichen Ebene bereits die Wegrichtung, die Harry gegangen ist: Er war „unten in den Kerkern"[123] (Sinnbild für Körper[124]/Erde[125]) und gelangt hinauf in das Krankenzimmer von Hogwarts mit einem „Tisch, der aussah wie ein Marktstand voller Süßigkeiten"[126] (so würde man wohl einem Kind ein Gefühl von Himmel vermitteln können).

---

[121] Auf der Webseite der SGLA wird die freimaurerische Instruktion mit einem Beispiel aus dem Zen-Buddhismus erklärt: „Der Meister bedarf keiner Worte. [...] Eines Tages war der Buddha Shâkyamuni mit seinen Schülern auf dem Berg der Geier. In aller Stille pflückte er eine Blume. Er drehte sie zwischen seinen Fingern und unterwies so seine Schüler. Einzig Mahâkâshyapa, der künftige erste Patriarch, lachte. Er hatte die stillschweigende Unterweisung Buddhas verstanden." (Schweizerische Grossloge Alpina/Freimaurerei.ch, Artikel „Die Instruktion – ein grundlegendes Element der Freimaurerei")

[122] Im Übrigen scheint Dumbledore dieses Prinzip bereits nach den Erklärungen über Quirrell anzuwenden: „» [...] Für ihn war es eine tödliche Qual, jemanden zu berühren, dem etwas so Wunderbares widerfahren ist.« Dumbledore fand nun großen Gefallen an einem Vogel, der draußen auf dem Fenstersims hockte, und Harry hatte Zeit, seine Augen an der Bettdecke zu trocknen." (HP dt., I,17, S. 324)

[123] HP dt., I,17, S. 320. Im Original „down in the dungeons" (HP engl., I,17, S. 318).

[124] „Es erkennen nämlich die Lernbegierigen, daß die Philosophie, indem sie ihre Seele findet, ordentlich gebunden im Leibe und ihm anklebend, und gezwungen, wie durch ein Gitter durch ihn das Sein zu betrachten, nicht aber für sich allein, und daher in aller Torheit sich umherwälzend, und indem sie die Gewalt dieses Kerkers erkennt, wie er ordentlich eine Lust ist, so daß der Gebundene selbst am meisten immer mit angreife, um gebunden zu werden [...]." (Platon, Phaidon, 82 e)

[125] „Die aber ausgezeichnete Fortschritte in heiligem Leben gemacht zu haben erscheinen, dies endlich sind diejenigen, welche, von allen diesen Orten im Innern der Erde befreit und losgesprochen von allem Gefängnis, hinauf in die reine Behausung gelangen [...]." (Platon, Phaidon, 114 b)

[126] HP dt., I,17, S. 320. Im Original „a table piled high with what looked like half the sweet-shop" (HP engl., S. 318).

5.3 Einweihungsstufen als Tod und Wiedergeburt

Zur Vorbereitung des Geistes auf den Tod werden in der Zauberschule Hogwarts als ein ganz wesentliches Mittel Einweihungsrituale gebraucht. Somit sind diese Rituale ein wichtiges Thema der Schule und ihrer SchülerInnen, an dessen Anfang das Ritual aus der Einführungsfeier steht, das die SchülerInnen gleich zu Beginn in dieses sie fortan begleitende Thema einleitet. Dabei weist bereits die Einführungsfeier eine symbolische Todesbereitschaft auf, die bei einigen[127] SchülerInnen (wie bei Harry) relativ deutlich hervortritt, und an der sich dieses Leitthema der Einweihung für Hogwarts und seine SchülerInnen darstellen lässt. Die förmliche Einführungsfeier von Harry ist ganz im Sinne der antiken Einweihungsmysterien von Tod(esbereitschaft) und Wiedergeburt geprägt, wie bspw. die Mysterien der Isis, über die es bei Apuleius heißt:

In ihren Mysterien würde Hingebung in einen freiwillig gewählten Tod, und Wiedererlangung des Lebens durch die Gnade der Göttin, gefeiert und vorgestellt.[128]

Im Übrigen hatte ja auch Sokrates im „Phaidon" seine Todesbereitschaft begründet mit seiner Dienerschaft für Apollon.[129] Harrys Begegnung mit Voldemort erscheint

---

[127] Beim Beispiel des Hutes rutscht der Hut nicht allen Neulingen über die Augen, doch eben bei Harry, dessen Einführung für das Leseerlebnis zentral ist. Hingegen erleben alle Neulinge bspw. den Vorbereitungsraum, der mit dem Schrecken durch das Auftauchen der Gespenster (HP dt., I,7, S. 127) an die „Schrecken des Todes" (Born, Mysterien der Aegypter, S. 99) aus Freimaurerei und ägypt. Mysterien erinnert, und in den „wundervollen Ort" (HP dt., I,7, S. 128) der Großen Halle hinüberleitet. Harry erwartet beim Warten im Vorbereitungsraum übrigens „his doom" (HP engl., I,7, S. 123) und bemerkt bei seinem Blick auf die anderen Neulinge, „dass auch alle anderen entsetzt schauten" (HP dt., I,7, S. 127).
[128] Apuleius, Metamorphosen, Bd. 2, S. 221.
[129] „[...] sondern weil sie [die Schwäne], meine ich, dem Apollon angehören, sind sie wahrsagerisch; und da sie das Gute in der Unterwelt

(zumindest auf einer gewissen Ebene) ebenfalls als eine vom Schulleiter Dumbledore geplante[130] Einweihungserfahrung und dort sind Tod und Wiedergeburt durch die anschaulichere Symbolik deutlicher zu erkennen, doch im Grunde sind die Bildlichkeit und die Systematik von Harrys Einführungsfeier in die Zauberschule Hogwarts und Harrys Gang zu Voldemort sehr ähnlich. Zunächst wird ihm beide Male schwarz vor Augen. Bei der Einführungsfeier als ihm der Hut über die Augen sinkt,[131] und bei Voldemort als Harry den Kampf verloren glaubt und das Bewusstsein verliert.[132] Im Gesamtkontext von „Harry Potter" und der Mysterienkultur mag man nun auch in der Dunkelheit des Hutes ein Sinnbild für den Tod erkennen, was Rowling für mich durch die Wortwahl „relieved" für Harrys Gefühl nach Absetzen des Hutes bestärkt:

> *He was so relieved to have been chosen and not put in Slytherin, he hardly noticed that he was getting the loudest cheer yet.*[133]

Das Wort „relieved" ähnelt hier zum einen der Erleichterung des Eingeweihten, der gemäß Plutarch durch die Todeserfahrung der Einweihung „aller Banden entlediget"[134] ist, zum anderen lässt es sich über seine Bedeutung im alten Englisch und seine Ursprünge im Französischen

---

voraus erkennen, so singen sie und sind fröhlich an jenem Tage vorzugsweise und mehr als sonst vorher. Ich halte aber auch mich dafür, ein Dienerschaftsgenoß der Schwäne zu sein und demselben Gotte heilig und nicht schlechter als sie das Wahrsagen zu haben von meinem Gebieter, also auch nicht unmutiger als sie aus dem Leben zu scheiden." (Platon, Phaidon, 85 a-b)

[130] Siehe: Zitat auf S. 39 mit der Fn. 92.

[131] „Im nächsten Moment sah er nur noch das schwarze Innere des Huts." (HP dt., I,7, S. 134)

[132] „Er spürte, wie Quirrells Arm seinem Griff entwunden wurde, wusste, dass nun alles verloren war, und fiel ins Dunkel, tief ... tief ... tief ..." (HP dt., I,17, S. 320)

[133] HP engl., I,7, S. 130.

[134] Plutarch, Ueber die Unsterblichkeit der Seele, S. 86.

(„relever"[135]) sowie im Lateinischen („relevare"/„relevo") als Wiederauferstehung deuten – diese doppeldeutige Anspielung wäre jedenfalls sehr im Geiste der alten Griechen, wie diesen der Plutarch-Übersetzer Kaltwasser in einem Kommentar darstellt:

> *„Sterben" heißt nämlich „τελευταν" und „eingeweiht werden" „τελεισθαι". Beide kommen von Einem Stammwort her. Die griechischen Philosophen waren sehr große Freunde von solchen Etymologien, als die hier angeführten sind. In Plato's Werken, besonders im „Kratylus" trifft man noch eine Menge derselben an.*[136]

Die Geschehnisse lassen sich am Quellenmaterial der Einweihungstexte noch genauer vertiefen (unter Punkt VI., insb. 2.1), doch an dieser Stelle möchte ich hinüberleiten zum finalen siebten Teil der „Harry Potter"-Reihe, wo über das Symbol der „Heiligtümer des Todes" die Bedeutung von Freimaurerei und Tod für Rowlings „Harry Potter" sehr anschaulich wird.

---

[135] Dazu bspw. Joh 11,25, wo Jesus sagt: „Celui qui relève de la mort, c'est moi."

[136] Plutarch, Ueber die Unsterblichkeit der Seele, S. 85.

III. „DIE HEILIGTÜMER DES TODES" UND IHR SYMBOL IM FREIMAURER-ZEICHEN DER LOTWAAGE (ARCHIPENDULUM/LEVEL)

1. AUSSEHEN DER SYMBOLE

Den Heiligtümern des Todes ist der Name des finalen siebten „Harry Potter"-Bandes gewidmet, in welchem sie noch dazu ihr eigenes Symbol haben, welches folgendermaßen von Xenophilius Lovegood beschrieben wird:

> *»Der Elderstab«, sagte er und zog auf dem Pergament eine gerade senkrechte Linie. »Der Stein der Auferstehung«, sagte er und fügte einen Kreis auf der Linie hinzu. »Der Umhang, der unsichtbar macht«, sagte er endlich und schloss Linie und Kreis in einem Dreieck ein, was nun jenes Symbol ergab, das Hermine so rätselhaft vorkam. »Zusammengenommen«, sagte er, »die Heiligtümer des Todes.«*[137]

In dieser Beschreibung lässt sich die Lotwaage (auch Setz- oder Winkelwaage und int. vor allem Archipendulum oder Level) wiedererkennen, die ein historisches Bauwerkzeug ist und in der Freimaurerei ein zentrales Symbol darstellt (siehe rechte Seite).

Der Kreis ist das Lot/Blei, die Linie ist die lottragende Schnur, und das Dreieck ist das gleichwinklige Dreieck. Nun werden „Harry Potter"-Fans das etwas andersartige Symbol der „Heiligtümer des Todes" aus den Filmen und aus dem Merchandise vor Augen haben, wo zum einen der Strich den Kreis und das ganze Dreieck durchkreuzt und zum anderen der Kreis in seiner Größe den Platz im Dreieck maximal ausfüllt. Doch aus meiner Sicht legt die Buchvorlage sogar einen kleineren Kreis nahe, denn dort

---

[137] HP dt., VII,21, S. 406.

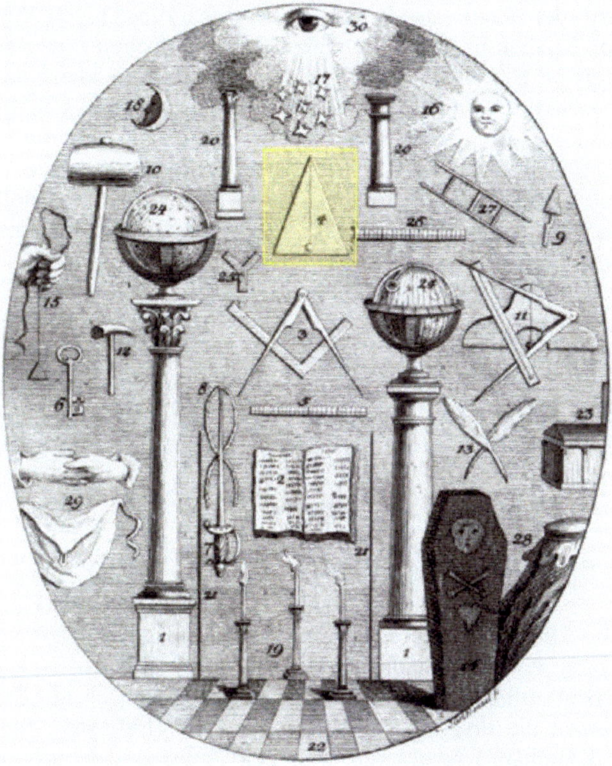

Symbole der Freimaurerei, Nr. 4 – die Lotwaage/the Level

Freimaurer-Symbole auf einem Titelblatt zu einem Klavierauszug der
„Zauberflöte" – darunter die Lotwaage

wird der Kreis als „Pupille"[138] in einem dreieckigen Auge umschrieben und auch der Stein der Auferstehung (den der Kreis ja darstellen soll) ist als reales Vorbild so klein, dass er sich mit „Fingern"[139] fassen lässt (bzw. lässt sich der Stein ja auch in einen Ring oder Snitch/Schnatz fassen). Am Ende wirkt das „HdT"-Symbol dann für mich als versteckte Anspielung und Andeutung, das wohl gar nicht absolut eindeutig erkennbar sein soll – in diesen Kontext gehören wohl ebenso Rowlings eigene Hinweise auf einen Zusammenhang von „HdT"-Symbol und Freimaurerei,[140] den sie über eine unterbewusste Ebene erklärt, was allerdings angesichts der zahlreichen freimaurerischen Inhalte in „Harry Potter" wohl kaum die einzige Ebene sein dürfte. Außerdem bleibt es nicht bei einem ähnlichen Aussehen der beiden Symbole, sondern auch auf der Bedeutungsebene gibt es Ähnlichkeiten, mit denen sich interessante Aufschlüsse verbinden.

2. Bedeutung der Symbole

Über die Heiligtümer des Todes gibt es in der Welt von „Harry Potter" ein schauriges Märchen, worin der Tod als Person auftritt und drei Brüdern je einen Wunsch gewährt, woraus die drei magischen Gegenstände (Elderstab, Stein und Umhang) resultieren. Nur der Umhang, den sich der jüngste Bruder gewünscht hatte, um für den Tod unsichtbar zu werden, erfüllt nachhaltig seinen Zweck, während die anderen beiden Brüder schon bald von Unglück und Tod getroffen werden. Höchst bedenkenswert ist dann das Ende des Märchens und der letzte Satz, der sich als eine Art abschließende Moral oder Schlusssentenz betrachten lässt:

---

[138] HP dt., VII,16, S. 315.
[139] HP dt., VII,34, S. 695.
[140] Rowling äußert solche Zusammenhänge in einer TV-Doku: Harry Potter. A History of Magic. BBC documentary, Min. 53:15-55:57. Siehe dazu auch: TheSun.co.uk, Artikel „Harry Potter author JK Rowling reveals the heartbreaking inspiration behind the Deathly Hallows Symbol".

But though Death searched for the third brother for many years, he was never able to find him. It was only when he had attained a great age that the youngest brother finally took off the Cloak of Invisibility and gave it to his son. And then he greeted Death as an old friend, and went with him gladly, and, equals, they departed this life.[141]

Erst als der jüngste Bruder ein hohes Alter erreicht hatte, legte er schließlich den Umhang ab, der unsichtbar machte, und schenkte ihn seinem Sohn. Und dann hieß er den Tod als alten Freund willkommen und ging freudig mit ihm, und ebenbürtig verließen sie dieses Leben.[142]

[Filmversion:]
He then greeted Death as an old friend and went with him gladly departing this life as equals.[143]

Der Sinn dieser Schlussmoral findet sich sehr ähnlich in der Freimaurerei wieder, wo der Tod als „großer Gleichmacher" („grand leveler") bekannt ist, was sogar gerade über das Symbol der Lotwaage (engl. „level") ausgedrückt wird – der renommierte[144] Freimaurer Albert Mackey erklärt das Symbol folgendermaßen:

The "Level" demonstrates that we are descended from the same stock, partake of the same nature, and share the same hope; and though distinctions among men are necessary to preserve subordination, yet no eminence of

---

[141] HP engl., VII,21, S. 333.

[142] HP dt., VII,21, S. 405.

[143] Harry Potter and the Deathly Hallows. Part 1. Movie, Min. 1:53:25-1:53:35.

[144] Internationales Freimaurer-Lexikon, S. 975: „Das zweibändige Werk [Mackeys „Allg. Handbuch der FM"] gehört heute zu den besten Enzyklopädien der Freimaurerei und wurde bei Anlegung des vorliegenden Lexikons viel benützt."

station should make us forget that we are brethren; for
he who is placed on the lowest spoke of fortune's wheel,
may be entitled to our regard; because a time will
come, and the wisest knows not how soon, when all
distinction, but that of goodness, shall cease; and death,
the grand leveler of human greatness, reduce us to the
same state. [145]

Auch hierbei handelt es sich wieder um keinen absolut
eindeutigen Punkt, sondern auf einer mehrdeutigen Ebene
scheint ein freimaurerischer Sinn vage hindurch. Zu diesem
Sinn gehört neben dem Gleichheitsaspekt ebenso die
Todesbereitschaft des jüngsten Bruders und dass er mit
Freude aus diesem Leben wohl in ein andersartiges Leben
tritt.

Darüber hinaus kann ein erneuter Blick auf Mozart eine
eindrucksvolle Verbindung zur Vorstellung vom Tod als
Freund eröffnen – 1787 schreibt Mozart einen Brief an
seinen Vater, beide waren 1785 in den Freimaurergrad des
Meisters eingeweiht worden:

Da der Tod (genau zu nehmen) der wahre Endzweck
unseres Lebens ist, so habe ich mich seit ein paar
Jahren mit diesem wahren, besten Freunde des
Menschen so bekannt gemacht, daß sein Bild nicht
allein nichts Schreckendes mehr für mich hat, sondern
sehr viel Beruhigendes und Tröstendes! Und ich danke
meinem Gott, daß er mir das Glück gegönnt hat, mir die
Gelegenheit (Sie verstehen mich) zu verschaffen, ihn als
den Schlüssel zu unserer wahren Glückseligkeit kennen
zu lernen. Ich lege mich nie zu Bette, ohne zu bedenken,
daß ich vielleicht (so jung als ich bin) den andern Tag
nicht mehr sein werde; und es wird doch kein Mensch
von Allen, die mich kennen, sagen können, daß ich im
Umgange mürrisch oder traurig wäre; und für diese
Glückseligkeit danke ich alle Tage meinem Schöpfer,

---

[145] Mackey, Manual of the Lodge, S. 140 f.

und wünsche sie vom Herzen Jedem meiner Mitmenschen.[146]

Zumindest wird von Xenophilius Lovegood der Besitz der drei magischen Gegenständen in der echten Welt von „Harry Potter" mit dem Wort „master of Death" verbunden – auf den bedenkenswerten Vorbehalt von Hermine, dass der Begriff „Heiligtümer des Todes" gar nicht in dem Märchen vorkomme, antwortet Xenophilius:

> *That is a children's tale, told to amuse rather than to instruct. Those of us who understand these matters, however, recognise that the ancient story refers to three objects, or Hallows, which, if united, will make the possessor master of Death.*[147]

Wenn wie in Platons „Phaidon" das Philosophieren und aller Priesterdienst mitsamt seinen Einweihungsritualen die Vorbereitung auf den Tod zum Ziele hat, dann lässt sich der in dieser Tradition stehende Freimaurergrad des Meisters sinnfällig als Meister des Todes umschreiben – was zugleich ein sehr passender Grad für das Einweihungsthema im finalen, letzten „Harry Potter"-Band wäre.

Und wie schön lässt sich Xenophilius' Erklärung über das Märchen und seinen etwas versteckten Bezug auf die drei Objekte als eine Analogie auf die „Harry Potter"-Bücher und ihren Bezug auf die Freimaurerei verstehen!

Tatsächlich ist es jedoch sogar so, dass in der „children's tale" „Harry Potter" der Begriff „Mason" vorkommt (also die engl. Kurzform von „Freemason" entsprechend zur dt. Kurzform „Maurer") und zwar durch den Auftritt von Mr und Mrs Mason zu Beginn des zweiten Bandes – wie so oft

---

[146] Mozart, An Leopold Mozart am 4.4.1787, S. 437 f.
[147] HP engl., VII,21, S. 333. → Die zitierten Worte sind übrigens die ersten Worte der S. 333 (gedruckte Erstausgabe)!

sprechende Namen (bspw. Xenophilius = Liebhaber des Fremden) bei Rowling vorkommen, scheint dies ebenso bei den Masons der Fall zu sein, sodass sich ein genauerer Blick lohnt.

Zu Xenophilius' möglicher Allegorie auf S. 333 (= 3x3):

In der Freimaurerei ist die Sieben neben der Drei die wichtigste der heiligen Zahlen. Einer Autorin, die genau sieben Bücher schreibt (damit auf sichere Einnahmen verzichtet) und die beiden eindrücklichsten Einweihungserfahrungen in Kapiteln mit einer Sieben in der Ziffer darstellt (I,7 und I,17), darf man wohl noch weitere Zahlenspielereien zutrauen – dazu bsph. aus dem „Internationalen Freimaurer-Lexikon":

> „In der jüdischen Symbolik spielte die Z[ahl] ebenfalls eine große Rolle. Die Z. Drei war das Symbol der Heiligkeit; das Allerheiligste nahm ein Drittel des Tempels ein; die Wandteppiche waren dreimal drei Ellen lang; Brandaltar, Opferaltar und Bundeslade hatten je drei Gefäße [...]. Die Z. Sieben war das Hauptsymbol aller Gemeinschaft mit Gott; sie versinnbildlichte Reinigung und Heiligung jeder Art." (S. 1734)

> „Die Zahl 3 findet besonders in der Ritualistik des Lehrlingsgrades, auf dem sich alle übrigen aufbauen, reichste Verwendung [...] die Erkennungszeichen bilden eine Trias, in der selbst wieder die Dreizahl verwendet wird." (S. 1737)

> „Die Neunzahl ist die dreimalige Wiederholung der heiligen Dreizahl (freimaurerisch 3X3). [...] in 3X3 grüßt der Br. den Br.[.]" (S. 1740)

Um nur ein paar Anspielungsmöglichkeiten genannt zu haben...

IV. Das Ehepaar Mason

und andere Bezüge auf die Freimaurerei

1. Freimaurerei als Inspirationsquelle

Rowlings Bezugnahme auf die Freimaurerei bleibt meist im vagen, zweideutigen Bereich, doch es lassen sich zahlreiche kleine Mosaikstücken finden, durch dessen Zusammenführung ein Gesamtbild hervortritt, was sich neben antiker Philosophie und Einweihungsmysterien (oder auch einem Geist à la „Truth Seekers of All Time"[148]) dann deutlich erkennbar auf Symbole und Inhalte aus der Freimaurerei bezieht. Neben den bereits genannten gehören dazu auch solche Kleinigkeiten wie Hagrids[149] dreimaliges Klopfen[150] an das Tor von Hogwarts (Klopfen als Maurer;[151]

---

[148] Nach Manly P. Hall (1901-1990), der schon in jungen Jahren zahlreiche Schriften rund um das Thema Freimaurerei veröffentlicht hatte (z.B. „The Lost Keys of Freemasonry" von 1923), allerdings erst 1954 in die Freimaurerei initiiert wurde – die von Hall 1934 gegründete „Philosophical Research Society" widmete er den besagten „Truth Seekers of All Time".

[149] Hagrid führt Harry nach Hogwarts. Sein Titel „Keeper of Keys" scheint auf das Amt des Schatzmeisters in der Freimaurerei anzuspielen, wo dieses Logenamt durch ein Abzeichen mit zwei gekreuzten Schlüsseln dargestellt wird (hierzu würde auch Hagrids Besuch in der Bank der Goblins passen). Noch eine unwahrscheinliche Erklärung für Hagrids Namen wäre der ähnliche Klang zu Friedrich Hegrad aus Mozarts Einweihung (neben Rowlings: „Hagrid is also – is another old English word, meaning – if you were hagrid – it's a dialect word – you'd had a bad night. Hagrid is a big drinker – he has a lot of bad nights."; Lydon, Christopher, Interview – Rowling, zitiert nach Accio-Quote.org).

[150] „Hagrid hob seine gewaltige Faust und klopfte dreimal an das Schlosstor." (HP I,6, S. 123)

[151] Bspw. Internationales Freimaurer-Lexikon, S. 1393: „*Schläge.* Die Hammerschläge des Meisters und der Aufseher, und die S., die der Suchende an die Pforte des Tempels tun muß, in der er Einlaß begehrt, spielen in der freimaurerischen Symbolik eine große Rolle. Die drei ‚starken S.' des Kandidaten symbolisieren die Beharrlichkeit, das Zutrauen und die Begeisterung, die ihn zur Loge führen. In manchen Systemen die ‚drei harten S.' bei der Einführung, nach Matth. 7. 7.: ‚Bittet, so wird euch gegeben; suchet, so werdet ihr finden; klopfet an, so wird euch aufgetan!'"

auch ein häufiges Motiv in der „Zauberflöte"[152]), womit Harrys Einführungsritual eingeleitet wird.

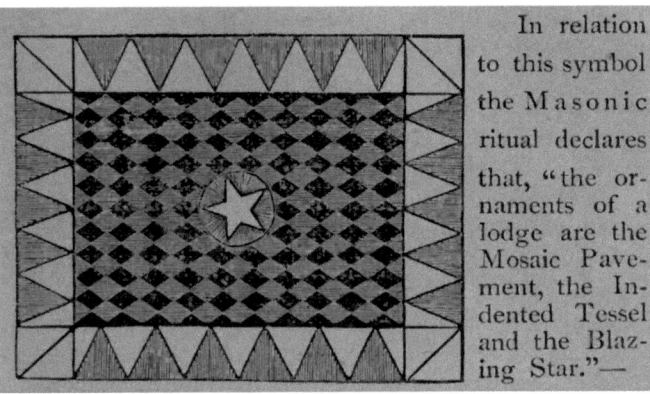

In relation to this symbol the Masonic ritual declares that, "the ornaments of a lodge are the Mosaic Pavement, the Indented Tessel and the Blazing Star."—

(Auszug über das Mosaic Pavement = Schachbrettmuster aus: Ronayne, Edmond, The Masters Carpet, S. 313)

Sicherlich lässt sich das Schachbrettmuster (Schachspiel bei Harrys Weg zum Stein der Weisen) zugleich auf antike Tempel beziehen, doch besonders bekannt ist es aus der Freimaurerei, wo es häufig als Bodenbelag den Tempel schmückt oder im Ritual als Arbeitsteppich sogar extra in die Mitte des Tempels gelegt wird.

Ein weiterer Aspekt, worin die Freimaurerei als eine leidenschaftlich genutzte Inspirationsquelle für Rowlings „Harry Potter" zu erkennen ist, ist das Schulwappen von Hogwarts.

---

[152] Bspw.: „SARASTRO. [...] *Der dreymahlige Accord wird wiederholt.* Man führe Tamino mit seinem Reisegefährten in Vorhof des Tempels ein." (ZF, II,1, S. 31)

The Arms of y most Ancient & Honorable Fraternity. of Free and Accepted Masons.

Holiness to the Lord.

The Arms of the Operative or Stone Masons.

FRONTISPIECE TO "AHIMAN REZON" (1764)

Im heutigen Wappen der United Grand Lodge of England (gilt als älteste Großloge der Welt mit großem Einfluss in der Freimaurerei weltweit) sind die beiden obigen Wappen in großen und wesentlichen Teilen aufgenommen wiederzuerkennen (bspw. die vier Figuren Löwe, Stier, Adler und Mensch).

2. DAS SCHULWAPPEN VON HOGWARTS ALS WAPPEN DER FREIMAURER

Das Wappen der Hogwarts-Schule für Hexerei und Zauberei ähnelt sehr dem Wappen, das in der Abbildung auf der rechten Seite als „Arms of the Freemasons" („Wappen der Freimaurer") beschrieben wird und sich derartig als ein Teil im heutigen Wappen der United Grand Lodge of England wiederfindet – die als älteste Großloge gilt und sogar in Deutschland von wirklich essentieller Bedeutung für die sog. „angenommenen" Freimaurer ist, da diese ihr Freimaurersein über die Anerkennung aus England definieren. Im Wappen von Hogwarts findet sich die gleiche Aufteilung in vier Teile und in diesen besetzen Löwe und Adler die gleichen Positionen – nur der Stier ist durch eine Schlange und der Mann durch einen Dachs ausgetauscht worden (eine Skizze von Rowling zeigt, dass statt des Dachses auch ein Bär in Überlegung war).[153]

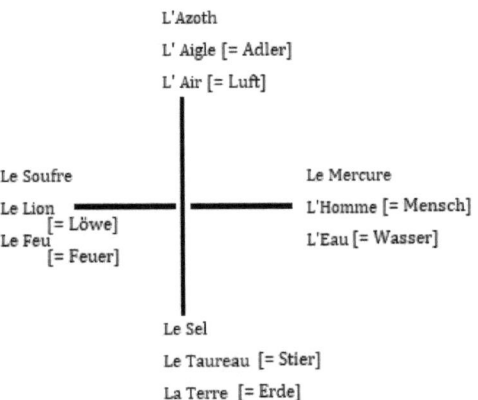

Abb.: Die vier Figuren verbunden mit den vier Elementen (entsprechend zu den Elementen der Häuser im Wappen von Hogwarts); nach: Lévi, Dogme et Rituel de la Haute Magie, Bd. 1, S. 162.

---

[153] Siehe für das Wappen als Skizze: Harry Potter. A History of Magic. Ebook, P. 308.

ARMS OF THE FREEMASONS.

„Arms of the Freemasons": Die vier Figuren von Löwe, Stier, Adler und Mensch gehen auf eine Erscheinungsform der Cherubim zurück, wie auch die geflügelten Mischwesen sich auf die Cherubim beziehen, die nach 2. Mos Ex 25,22 die Bundeslade zieren/schützen (Bundeslade oben in der Mitte) – Hes 1,10:

„Die Gestalt ihrer Gesichter aber war: ein Menschengesicht, ein Löwengesicht bei allen vier nach rechts, ein Stiergesicht bei allen vier nach links und ein Adlergesicht bei allen vier."

Im Übrigen, unter den vier Figuren sind die drei Objekte („three objects"?) Zirkel, Winkel und Lotwaage (Compasses, Square and Level) abgebildet.

3. Die unsympathischen Masons
in „Harry Potter" und der „Zauberflöte"

Die Masons (engl. Kurzform für „Freemasons" = dt. „Freimaurer") erscheinen in „Harry Potter" im Auftritt von Mr und Mrs Mason wenig sympathisch: Als Gäste von Harrys spießigen und magiefeindlichen Pflegeeltern zeichnen sich die Masons ihrerseits vor allem durch ihr Unverständnis für Magie aus, was darin gipfelt, dass Mrs Mason angesichts einer Eule aus dem Haus flüchtet und über „diese Verrückten"[154] („lunatics"[155]) schimpft. Nun mag diese wenig schmeichelhafte Gestaltung der Masons zunächst verwundern, doch es lässt sich darin eine Entsprechung zu Mozarts „Zauberflöte" wiedererkennen, denn wie die Masons in „Harry Potter" erscheinen ebenfalls die Maurer der „Zauberflöte" durchaus in einem kritischen Licht. Allerdings ist die „Zauberflöte" angesichts der vielen, teils ganz unterschiedlichen Interpretationsansätze ein nicht leicht einzuordnendes Feld, auf dem manchmal sogar die Bedeutung der Freimaurerei nicht erkannt wird. Das Verkennen gilt umso mehr für die kritischen freimaurerischen Aspekte der „Zauberflöte", was nicht zuletzt an den glanzvollen, die Aufmerksamkeit auf sich ziehenden Lobliedern auf die freimaurerischen Werte liegt, denen sogar der Schlusschor gewidmet ist, der die drei Säulen/Ideale der Freimaurerei (Weisheit, Stärke und Schönheit) glorifizierend besingt:

Heil sey euch Geweihten! Ihr drangt durch die Nacht,
Dank sey dir, Osiris und Isis, gebracht!
Es siegte die Stärke, und krönet zum Lohn
Die Schönheit und Weisheit mit ewiger Kron'.[156]

---

[154] HP dt., II,2, S. 24.
[155] HP engl., II,2, S. 20. Siehe zum Zusammenhang von „lunatics" und dem lunaren Prinzip bei Rowling: Fn. 169.
[156] ZF, II,30, S. 59.

W=Wisdom/Weisheit;   S=Strength/Stärke;   B= Beauty/Schönheit

Ganz im Geiste der von Schiller gezeichneten Traditionslinie[157] ist hier im Schlusschor von Sarastros Priestern die Freimaurerei mit dem ägyptischen Isis- und Osiriskult verbunden und vor allem gelten die letzten Worte der Freimaurerei, worin man ein Indiz für eine gewisse Tragweite der Freimaurerei für die „Zauberflöte" erkennen kann. Und dieses Indiz lässt sich anhand der Handlung bekräftigen, denn insbesondere im Hauptkonflikt der „Zauberflöte" lässt sich eine künstlerische Bearbeitung von freimaurerischen Fragestellungen erkennen, was sehr leicht über das Thema der Frauen in der Freimaurerei aufgezeigt werden kann.

---

[157] „Sie [die ägyptischen Mysterien] hatten ihren Sitz in den Tempeln der Isis und des Serapis und waren das Vorbild, wornach in der Folge die Mysterien in Eleusis und Samothrazien und in neuern Zeiten der Orden der Freimaurer sich gebildet hat." (Schiller, Die Sendung Moses, S. 74)

3.1 Frauenfeindliche Masons
versus heldenhafte Frauen in der „Zauberflöte"

Traditionell ist Frauen der Zugang zur Freimaurerei verwehrt – diese Position wurde im Wiener „Journal für Freymaurer" vertreten,[158] und in den „Alten Pflichten" („Charges of a Free-Mason") von 1723,[159] die noch heute für die sog. „angenommenen" Maurer als eine Art Grundgesetz gelten. Doch abseits dieser Tradition gab es bereits zu Zeiten Mozarts Logen, die Frauen aufnahmen. Dies war besonders aus Frankreich bekannt (wo diese „unangenommene" Freimaurerei heutzutage sogar die Hauptströmung darstellt), doch auch aus Mozarts Wien gibt es einige Hinweise[160] auf Frauen in der Freimaurerei (siehe auch das Bsp. der Loge „Phönix"[161]). Mit Blick auf die „Zauberflöte" lässt sich diese Streitfrage im großen Konflikt zwischen der Königin der Nacht (Luna[162]) und Sarastros freimaurerisch-priesterlichen Bruderbund verarbeitet sehen, wo sich die Maurer der „Zauberflöte" erheblich aus diesem Konflikt und Gegensatz heraus definieren und identifizieren:

Bewahret euch vor Weibertücken:
Dies ist des Bundes erste Pflicht![163]

---

[158] Born, Mysterien der Aegypter, S. 93.

[159] „The persons admitted Members of a Lodge must be good and true Men, free-born, and of mature and discreet Age, no Bondmen, no Women, no immoral or scandalous Men, but of good Report." (Anderson, James, The Charges of a Free-Mason, S. 51)

[160] Bspw.: Bosch, Simon, Die drei Grade der Freimaurerei des Frauenzimmers, Wien 1783. Siehe dazu auch: Irmen, S. 249 f.

[161] Die Lemberger Loge „Phönix" war der großen Landesloge in Wien unterstellt und weihte (widergesetzlich) eine Frau ein (siehe Punkt VI.,3.2, S. 99 ff.). Eine nur zufällige Namensübereinstimmung mit der Loge „Phönix" mag hier der „Harry Potter"-Band „Der Orden des Phönix" darstellen.

[162] Von Schikaneder wird die Königin der Nacht später im zweiten Teil der „Zauberflöte" Luna genannt: Schikaneder, Der Zauberflöte zweyter Theil unter dem Titel: Das Labyrinth oder der Kampf mit den Elementen, S. 71.

[163] ZF, II,3, S. 33.

Nicht das Forschen nach Wahrheit steht an oberster Stelle, sondern die Brüder der „Zauberflöte" widmen sich vorrangig der Diffamierung der Weiblichkeit:

Ein Weib thut wenig, plaudert viel.
Du Jüngling glaubst dem Zungenspiel?[164]

Doch Mozart konterkariert mit der Opernhandlung die frauenfeindlichen Worte der „Zauberflöten"-Masons, denn schon am Anfang retten die drei Damen der Königin der Nacht den männlichen Helden Tamino (der hingegen sozusagen damenhaft in Ohnmacht fällt) vor dem Tod durch die Riesenschlange, und am Ende überwindet Pamina (die Tochter der nächtlichen Königin) die großen Gegensätze, indem sie geleitet von ihrer Liebe (also ihren Gefühlen) Tamino auf dem Einweihungsweg führt,[165] und schließlich als Frau eingeweiht wird in den Bruderbund,[166] denn wie die Oper so schön herausstellt:

Ein Weib, das Nacht und Tod nicht scheut,
Ist würdig, und wird eingeweiht.[167]

Also anhand des Frauenthemas lässt sich eigentlich sehr leicht erkennen, dass Mozart keinesfalls sein vollkommenes Idealbild von der Freimaurerei mit den „Zauberflöten"-Freimaurern darstellte. Gegenüber seinen eigenen Sympathien für eine Aufnahme von Frauen wird sogar der krasse Gegenentwurf über das Giften und Wettern gegen Frauen mit den Masons der „Zauberflöte" abgebildet.

---

[164] ZF, I,15, S. 23.
[165] Die Frau Pamina und das Gefühl der Liebe führen auf dem Einweihungsweg mit schützender Hilfe durch die Magie der Zauberflöte: „PAMINA. [...] Ich selbsten führe dich; / Die Liebe leite mich! [...] Spiel du die Zauberflöte an; / Sie schütze uns auf unsrer Bahn;" (ZF, II,28, S. 53)
[166] „Ein Weib, das Nacht und Tod nicht scheut, / Ist würdig, und wird eingeweiht.", ZF, II,28, S. 53; „Triumph, Triumph! du edles Paar! / Besieget hast du die Gefahr! / Der Isis Weihe ist nun dein! / Kommt, tretet in den Tempel ein!", ZF, II,28, S. 54.
[167] ZF, II,28, S. 53.

PAMINA UND PAPAGENO.
Die Wahrheit ist nicht immer gut,
Weil sie den Grossen wehe thut;
Doch wär sie allezeit verhasst,
So wär mein Leben mir zur Last.

ACHTZEHNTER AUFTRITT.
Ein Zug von Gefolge; zuletzt fährt Sarastro auf einem Triumphwagen
heraus, der von sechs Löwen gezogen wird. Vorige.

CHORUS.
Es lebe Sarastro! Sarastro soll leben!
Er ist es, dem wir uns mit Freuden ergeben!
Stets mög er des Lebens als Weiser sich freun!
Er ist unser Abgott, dem alle sich weihn.

Auch in der Zauberflöte gibt es Widersprüche.

Erste Scene.

Sarastro, rechts gewendet.

In diesen heil'gen Hallen
Kennt man die Rache nicht,
Und ist ein Mensch gefallen,
Führet Liebe ihn zur Pflicht.

Links gewendet zu den Sklaven, die den Mohren festhalten:

Man gebe ihm sogleich
Ein hundert zwanzig Sohlenstreich).

Sarastro, verneint die Rache, predigt/besingt die Liebe, aber droht seinem Sklaven (!)
Gewalt an (dazu bspw. auch: „Allein, du sollst sehen, wie ich mich an deiner Mutter räche.")

Wenn in der Regel Born als Vorbild für Sarastro (gerne als „der Vertreter edelsten
Menschentums"; Internationales Freimaurer-Lexikon, S. 1742) angenommen wird, mag
vielleicht auch diese Geschichte als Vorlage relevant gewesen sein:

Um Krattern, den man allgemein auch für den Verfasser der Briefe hielt, zu bestrafen, veranstaltete Br. von
Born auf die 10. März 1786 eine zahlreiche Tafel im Freymaurercasino, zu welcher er auch den Br. Kratter
auf das freundschaftlichste einladen ließ. [...] Es entehrte ihn [Born] vor dem Richterstuhle der Moralität,
daß er sich der Maske der geheiligten Gastfreundschaft bediente, um über seinen schwächern Gegner eine
kleine Rache auszuüben. [...] Die neue Loge zur Wahrheit, welcher Br. von Born bis zu seinem bald darauf
erfolgten Tode als Meister vorstand, hatte dadurch viel von ihrer Würde verloren, man bemerkte eine
gewisse Beklemmung unter den Anwesenden, wenn die Worte: Wahrheit und Verzeihung gegen Feinde,
ausgesprochen wurden. (Fessler, Schriften über Freymaurerey, S. 332-334)

3.2 FEINDLICHKEIT GEGEN DIE MAGIE UND DAS LUNARE PRINZIP

Diese kritische Darstellungsweise lässt sich noch in anderen Aspekten der „Zauberflöte" wiederfinden,[168] von denen die Magiefeindlichkeit besonders interessant ist im Hinblick auf „Harry Potter" und die sich im größeren Rahmen der Feindlichkeit gegen das lunare Prinzip betrachten lässt – Stichwort „lunatics"[169]. Im großen Kampf zwischen der Königin der Nacht (später Luna genannt)[170] und dem Bruderbund von Sarastro (Träger des Sonnenkreises)[171] lässt sich ein Kampf zwischen den Sphären von Mond (lat. „luna") und Sonne (lat. „sol"), von lunarem und solarem Prinzip, erkennen.

Dabei mag die Bedeutung des „Verrückten" manchem mehr einleuchten, wenn man vom „Erkenne Dich selbst!" vieler Freimaurerpforten zum Vorbild dieser Inschrift zurückkehrt. Das Götterpaar von Delphi ist den Sphären von Mond und Sonne sehr geistesverwandt und gemäß Plutarch[172] hat Dionysos/Bakchos, der unter anderem Gott des Wahnsinns ist, an Delphi den gleichen[173] Anteil wie der Sonnengott

---

[168] Bspw. ist Sarastro wie der Freimaurer George Washington ein Sklavenhalten – Ideal („Liberty and the pursuit of Happiness" oder die fünf Grundideale der Freimaurerei „Freiheit, Gleichheit, Brüderlichkeit, Toleranz, Humanität") und gelebte Wirklichkeit gehen weit auseinander (siehe dazu auch das Material auf der linken Seite).

[169] HP engl., II,2, S. 20. Rowling spielt die etymologische wie assoziative Verbindung von „lunatic" (wahnsinnig/irr) zum lunaren Prinzip in der Figur von Luna (Mond) aus: Lunas Spitzname ist Loony (Verrückte), dem lunarischen Prinzip entsprechend geht sie irrationalen Vorstellungen nach und gilt sogar in der magischen Welt unter Hexen und Zauberern als unnormal und verrückt.

[170] Von Schikaneder wird die Königin der Nacht später im zweiten Teil der „Zauberflöte" Luna genannt: Schikaneder, Der Zauberflöte zweyter Theil unter dem Titel: Das Labyrinth oder der Kampf mit den Elementen, S. 71.

[171] ZF, II,8, S. 38.

[172] Plutarch, Ueber die Inschrift Ei im Tempel zu Delphi, S. 497-499.

[173] „Aber – möchte jemand sagen – was geht das alles den Apollo an? Ich antworte: den Apollo nicht weniger, als den Bakchus, der an Delphi eben so viel Antheil hat, als Apollo." (Plutarch, Ueber die Inschrift Ei im Tempel zu

Apollon, der gegensätzliche/ergänzende Dinge wie Ordnung und Vernunft repräsentiert – im übrigen erscheinen Apollon und Dionysos dort bei Plutarch als zwei Prinzipien/Gesichter von einer monotheistisch gedachten Gottheit; und des Weiteren zeigen die Anhänger des Bakchoskult (Bakchanten/Mänaden; letzteres von „mania" = Wahnsinn) sehr deutlich, dass die Mysterieneinweihung mit einer Gefühlserfahrung und sogar mit Wahnsinn verbunden wurde (Bakchos auch eine Gottheit von Eleusis).[174]

In der „Zauberflöte" ist der Gegensatz von Vernunft und Wahnsinn/Raserei ein zentrales Merkmal im Konflikt zwischen Sarastros Bruderbund und der Königin der Nacht, was sich bspw. in der so berühmten wie rasenden Arie von der Königin der Nacht „Der Hölle Rache kocht in meinem Herzen"[175] eindrücklich niederschlägt. Allerdings wird die Vernunft von der lunaren Seite noch durch das Gefühl (bzw. die Gefühle im Allgemeinen) ergänzt, was bspw. von Pamina, der Tochter der nächtlichen Königin, vertreten wird und in Form von Paminas Liebe zu Tamino auf dem Einweihungsweg besondere Bedeutung hat. Dem Nachtreich der Königin setzen Sarastro und sein Bruderbund ihr vermeintliches Vernunftdenken entgegen:

Mag immer das Vorurtheil seinen Tadel über uns Eingeweihte auslassen! – Weisheit und Vernunft zerstückt es gleich dem Spinnengewebe. [...] Das Weib [die Königin] *dünkt sich groß zu seyn; hofft durch Blendwerk und Aberglauben das Volk zu berücken, und unsern festen Tempelbau zu zerstören.*[176]

Delphi, S. 497)

[174] „Für zwei große Mysteriengottheiten, Dionysos und Meter, ist die Veränderung des Bewußtseins im ‹Wahnsinn› oder ‹Enthusiasmos› der eigentliche, charakteristische Machterweis. [...] ‹Wahnsinn›, *mania*, konstituiert *bakcheia* im vollen Sinn; [...]." (Burkert, Antike Mysterien, S. 95)

[175] ZF, II,8, S. 39.

[176] ZF, II,1, S. 30.

Der Aufbau von Sarastros Weisheitstempel, der sich in einen Tempel der Vernunft und einen Tempel der Natur aufgliedert,[177] lässt einen vergessenen Sinn der einstmaligen Erbauer erahnen. Doch dieser Sinn scheint mit der Königin der Nacht verbunden, die in der Manier einer mystischen Göttin auftritt,[178] und von Papageno ganz wie die verschleierte Isis/Natur beschrieben wird:

Sehen? – Die sternflammende Königinn sehen? – Welcher Sterbliche kann sich rühmen, sie je gesehen zu haben? – Welches Menschen Auge würde durch ihren schwarz durchwebten Schleyer blicken können?[179]

Die Königin ist es auch, die die „Zauberdinge"[180] (Flöte und Glockenspiel) an Tamino und Papageno verteilt – die keinesfalls nur „Blendwerk und Aberglauben" sind, sondern auf dem Einweihungsweg helfen[181] und wohl aus einer Einweihungserfahrung heraus entstanden sind.[182]

---

[177] *„Ganz im Grunde der Bühne ist ein schöner Tempel, worauf diese Worte stehen: Tempel der Weisheit; dieser Tempel führt mit Säulen zu zwey andern Tempeln; rechts auf dem einen steht: Tempel der Vernunft. Links steht: Tempel der Natur."* (ZF, I,15, S. 20)

[178] Neben dem ersten Auftritt der Königin (ihr Erscheinen vor Tamino bei Donner und sich teilenden Bergen; ZF, I,6, S. 11) wäre auch mal die Ähnlichkeit zur Demeter/Ceres von Eleusis zu bedenken – beide charakterisiert das Herumirren auf der Suche nach ihrer verlorenen und geraubten Tochter: „PAMINA. Herr, strafe meine Mutter nicht, der Schmerz über meine Abwesenheit. / SARASTRO. Ich weis alles. – Weis, dass sie in unterirdischen Gemächern des Tempels herumirrt [...]." (ZF, II,12, S. 40).

[179] ZF, I,2, S. 7.

[180] ZF, II,29, S. 56. Bzw. siehe zur Überreichung der Zauberdinge: ZF, I,8, S. 13 f.

[181] „Ihr wandelt durch des Tones Macht / Froh durch des Todes düstre Nacht." (ZF, II,28, S. 54)

[182] „Es schnitt in einer Zauberstunde / Mein Vater sie [die Flöte] aus tiefstem Grunde / Der tausendjähr'gen Eiche aus / Bey Blitz und Donner, Sturm und Braus." (ZF, II, 28, S. 54) → Die Erscheinungen von Blitz und Donner sind typische Einweihungsmotive (siehe dazu bspw. die Mysterienbeschreibung von Pauw unter Punkt VI.,1.2, S. 91).

Also durch die Sphäre der Königin der Nacht lassen sich die lunaren Prinzipien von Weiblichkeit, Gefühl, Mystik und Magie vertreten sehen, zu denen Sarastro und sein Bruderbund in kämpferische Opposition treten mit den solaren Prinzipien von Männlichkeit und Vernunft – allerdings zeigen sich Mozarts Sympathien für die lunaren Prinzipien, denn auf dem Einweihungsweg läuten Paminas Liebesgefühle und der Zauberton der magischen Flöte die Überwindung der Gegensätze ein, die in der Einweihung einer Frau in den Bruderbund gipfelt.

3.3 Echte Freimaurer-Gruppierungen für Einförmigkeit und gegen das lunare Prinzip und die „Truth Seekers of All Time"

Nun lässt sich der Konflikt zwischen solarem und lunarem Prinzip über den Aspekt der Weiblichkeit hinaus auf weitere reale Fragestellungen und Probleme innerhalb der Freimaurerei zurückführen, die ebenso bei den damaligen Freimaurern in Mozarts Wien wiederzufinden sind und von denen eine Problemlage heutzutage auf der seriösen Internetseite des „Freimaurer-Wiki" folgendermaßen dargestellt wird:

> *Verfälschung des Wesensinhaltes der Freimaurerei durch asiatische Brr., Magier, Alchimisten usw. veranlaßten Born, durch den Fürsten Dietrichstein bei Joseph II. intervenieren zu lassen. Die Folge war 1786 die bekannte einschränkende Verordnung des Kaisers (vergl. Freimaurerpatent).*[183]

Dabei ist sicherlich noch zwischen einer symbolischen und praktischen Ebene zu unterscheiden, denn das „Freimaurer-Wiki" und (als dessen Quelle) das „Internationale Freimaurer-Lexikon" wissen durchaus um die Bedeutung

---

[183] Freimaurer-Wiki.de, Artikel „Ignaz von Born". Wobei der Text des Artikels dem „Internationalen Freimaurer-Lexikon" entnommen ist.

der alchemistischen Symbole für ihre sog. „wahre"[184] Freimaurerei. Dennoch ist diese Darstellung von Borns Vorgehen, das als „wahre Freimaurerei" erscheint, problematisch für eine Freimaurerei, die à la „Truth Seekers of All Time"[185] offen ist für andere Weisheitssysteme – und neben Rowlings Bezugnahmen auf Magier und Alchimisten mag man hier auch an Goethes Doktor Faust denken, der bei Totenkopf und (später) Johannesevangelium in seinem Gelehrtenzimmer (also im Freimaurer-Motiv der Dunklen Kammer) sich „der Magie ergeben"[186] hat und einen „Geist der Erde"[187] beschwört. Die konkrete Folge von Borns Betreiben war, dass die Wiener Freimaurerei auf zwei Sammellogen je 180 Mitglieder begrenzt wurde, was neben Wartelisten und Austritten das freimaurerische Klima innerhalb der verbliebenen Logen pervertierte/vergiftete:

Die meisten Brüder hingen an den beyden neuen Logen durch kein edleres Band, als welches entweder conventionelle Rücksichten, oder die Furcht vor dem Einfluß einiger mächtigen Mitglieder, knüpften. Jede der beyden Logen hatte mehrere Factionen; wahres Wohlwollen, ungeheucheltes Zutrauen, treuherziger Umgang, edle, ungeschminkte Freymüthigkeit im

---

[184] „Das Überwuchern aller möglichen, die wahre Freimaurerei überschattenden und ihre Grundgedanken vereinenden[*] Systeme (Rosenkreuzer, Asiatische Brüder usw.) mit ihren Geisterbeschwörungen, Experimenten veranlaßte Joseph, auf Betreiben zweier führender Freimaurer, des Landes-Großmeisters Fürsten Dietrichstein (s. d.) und des Freiherrn von Born (s. d.), 1785 die Freimaurerei zwar unter seinen Schutz zu stellen, aber gleichzeitig die Zahl der Logen eng zu begrenzen." (Freimaurer-Wiki.de, Artikel „Joseph II.")
*„verwirrenden" nach: Internationales Freimaurer-Lexikon, S. 789.
[185] Nach Manly P. Hall (1901-1990), der schon in jungen Jahren zahlreiche Schriften rund um das Thema Freimaurerei veröffentlicht hatte (z.B. „The Lost Keys of Freemasonry" von 1923), allerdings erst 1954 in die Freimaurerei initiiert wurde – die von Hall 1934 gegründete „Philosophical Research Society" widmete er den besagten „Truth Seekers of All Time".
[186] Faust I, V. 377.
[187] Faust I, V. 461. Siehe für das Erscheinen des Geistes: R.-Anw. n. V. 481.

Denken und Sprechen waren verschwunden.[188]

Der hier berichtende I.A. Fessler ist eigentlich ein Born naher Freimaurer,[189] doch auch er muss das Vorgehen von Born/Dietrichstein in diesem Fall als

willkürlich, despotisch und eben so sehr gegen alle socialrechtlichen Principien, als gegen die maurerische Freyheit, streitend[190]

beschreiben. Während Born Vorsteher der Loge „Zur Wahrheit" wurde, ging Mozart zusammen mit seinem alten Logenmeister Gemmingen in die einzige andere noch verbliebene Loge, die „Neugekrönte Hoffnung". Dort bewegte sich Gemmingen auf die von Born attackierten Teile zu, indem er beispielsweise „Gründe dafür als dawider unpartheyisch"[191] als „Denker Stoff geben" wollte über „die gemeinschaftlichen Grundsäze in welchen alle Theosophen, Alchymisten und Mystiker zusammentreffen" und von denen ebenfalls die „höhere[n] Grade der Freymaurerey [...] ausgehn" – Punkt V. lässt bspw. an Fausts Anfangsmonolog[192] und Fausts „Gefühl ist alles"[193] auf die Gretchenfrage erinnern:

Eben darum weil die Seele durch den Körper und die Materie in der Entwicklung ihrer Kräfte so sehr gehindert werde, so sey die menschliche Vernunft eine unsichre Führerinn zur Weisheit, daher die

---

[188] Fessler, Schriften über Freymaurerey, S. 334.
[189] „Am meisten befriedigte mich die Loge zur ‚Eintracht', an deren würdigem Meister vom Stuhl, Bruder von Born, ich für meine maurerischen Bedürfnisse einen vorzüglichen Wohlthäter fand." (Fessler, Schriften über Freymaurerey, S. 293).
[190] Fessler, Schriften über Freymaurerey, S. 331.
[191] Gemmingen, Otto von [Hrsg.], Wiener Ephemeriden, S. 232.
[192] „Habe nun, ach! Philosophie, / Juristerey und Medicin, / Und leider auch Theologie! / Durchaus studirt, mit heißem Bemühn. / Da steh' ich nun, ich armer Thor! / Und bin so klug als wie zuvor;" (Faust I, V. 354-359)
[193] Faust I, V. 3456.

Nutzlosigkeit der gewöhnlichen Wissenschaften.[194]

Diese Problemlage in der „Zauberflöte" wiederzuentdecken, ist gar nicht so weit weg von den recht geläufigen Interpretationen, welche auf der einen Seite die Königin der Nacht und ihren magisch-mystischen Aberglauben als die alte Ordnung von Monarchie und Kirche sehen, und auf der anderen Seite Sarastros Bruderbund als die neue Ordnung der Aufklärung (auch Bürgertum und Wissenschaft). Diese Interpretation lässt sich erweitern und auf das Feld der damaligen Freimaurerei führen, wo aufklärerische Illuminaten und antiaufklärerische Rosenkreuzer um Mitglieder und die richtige Lehrart stritten. Nur dass sich bei dieser Interpretation die Magie der Königin direkt auf die Magie der Rosenkreuzer und andere freimaurerische Lehrarten beziehen lässt – wobei die Illuminaten sogar maßgeblich als eine Gegenbewegung zu Eckers magisch-alchemistischem Ordenssystem der Asiatischen Brüder gegründet worden waren,[195] was allerdings viele Wiener Freimaurer nicht davon abhielt, mit mehreren solcher Systeme zu sympathisieren. Dabei gab es sicherlich sehr unterschiedliche, individuelle Entwicklungen, die an dieser Stelle schwer prägnant zu fassen sind – Born war im Übrigen Illuminat und über Dietrichstein berichtet das „Internationale Freimaurer-Lexikon":

Ein Grandseigneur seiner Zeit, der für alle Arten von Geheimbünden viel Vorliebe hatte, sich den Gold- und Rosenkreuzern ebenso anschloß wie den Asiatischen Brr. und manchen anderen Absonderlichkeiten huldigte (Loge zu Pferde!). Schließlich scheint er die

---

[194] Gemmingen [Hrsg.], Wiener Ephemeriden, S. 233.

[195] Adam Weishaupt (Gründer der Illuminaten): „Zwey Umstände gaben vollends den Ausschlag, und bestimmten mich wirklich, den ersten Grundstein zu legen. / Zu eben dieser Zeit hatte ein Officier [...] mit Namen Ecker [...] eine Loge errichtet. Diese Loge arbeitete auf Alchemie, und fing an sich gewaltig zu verbreiten." (Weishaupt, Adam, Pythagoras oder Betrachtungen über die geheime Welt- und Regierungs-Kunst, S. 665)

Verwirrungen in der Freimaurerei doch erkannt zu haben, denn er verband sich mit Born, um Ordnung in die verwirrten Freimaurerverhältnisse zu bringen, und veranlaßte den ihm gut gesinnten Kaiser zur Erlassung des bekannten Freimaurerediktes des Jahres 1785. Er zog sich dann von der Freimaurerei überhaupt zurück.[196]

Allerdings lässt sich schon ein Eindruck für die „Zauberflöte" gewinnen, wenn in Borns Loge vom „Afterbau der übrigen Logen"[197] die Rede ist, wenn Born selbst von der „Einförmigkeit der Denkart"[198] als Rettung spricht, vom „Mahlzeichen des mystischen Unsinns" und der „Rache über den Schwärmer". Und seitens Weishaupt, dem Gründer des Illuminaten-Ordens, werden „Alchemie, Cabbale, Magie und Theurgie"[199] als „offenbare Thorheit" abgekanzelt und die Vernunft über Gefühle/Leidenschaften gestellt:

Es steht folglich in diesem Falle die Vernunft gegen die Leidenschaft, eine höhere, gegen eine sehr zweydeutige Autorität [...].[200]

Die Thorheiten stellen bei Weishaupt dann noch ein „Geweb von Albernheiten und Aberglauben"[201] dar – nicht ganz unähnlich zu Sarastros Worten über das „Spinnengeweb" und den „Aberglauben" der nächtlichen Königin.

Doch in Mozarts Oper ist der Zauber der Flöte eben kein Aberglauben und die Leidenschaft keine unklare Autorität,

---

[196] Internationales Freimaurer-Lexikon, S. 370.
[197] Fessler, Schriften über Freymaurerey, S. 293.
[198] Aus einer Rede von Born am 7.2.1783 in der Loge „Zur Wahren Eintracht" – Quelle und Zitat nach: Irmen, Mozart. Mitglied geheimer Gesellschaften, S. 57 f.
[199] Weishaupt, Pythagoras, S. 511 [die abgedruckte Seitenzahl ist 423].
[200] Weishaupt, Pythagoras, S. 512.
[201] Weishaupt, Pythagoras, S. 512.

sondern der magische Flötenton und Paminas leidenschaftliche Liebesgefühle sind die entscheidenden Führer/Autoritäten auf dem Einweihungsweg, wodurch die Einförmigkeit in Sarastros Bruderbund überwunden wird und sogar eine Frau eingeweiht wird. Die „Zauberflöte" mischt durch die unterschiedlichen Motive (Apollon, Orpheus, Isis und Freimaurerei) ja auch die unterschiedlichen Kulte zusammen. Goethe hat das gerade mit Blick auf „Harry Potter" wohl noch deutlicher herausgearbeitet, denn dort erscheint in der Szene „Walpurgisnacht" die Baubo von Eleusis (athenischer Kult), um gemeinsam mit den Hexen das Kultfest der Walpurgisnacht auf dem Brocken zu begehen (quasi Harzer Kultfest, wohl eigentlich anlässlich des Sommerbeginns vergleichbar mit Beltane).[202] In „Harry Potter" gehören dann ja neben Morgana, Circe und Merlin nicht weniger Agrippa, Ptolemäus, Paracelsus und Flamel zur Welt der Hexen und Zauberer.[203] Alle drei Werke lassen eigentlich diesen Geist à la „Truth Seekers of All Time" erkennen.

Also wie Sarastros freimaurerischer Bruderbund in Mozarts „Zauberflöte" sind Mr und Mrs Mason in „Harry Potter" nicht Teil der magischen Welt/Sphäre und repräsentieren dabei weder die eigenen Idealvorstellungen noch die ganze Freimaurerei. Die realen Hintergründe für diese Darstellungen deuten sich im „Freimaurer-Wiki" (und im „Internationalen Freimaurer-Lexikon") an, wo sich die alten Vorbehalte in der heutigen Zeit reproduziert wiederfinden. Dabei geht es nicht nur um Magie, sondern auch die Verneinung von Offenbarungsglauben (≠ Vernunftglaube) und Heilslehren in der Freimaurerei bzw. im Ritual – in einem Beitrag der mitgliedstärksten deutschen Großloge der

---

[202] „So Ehre dem, wem Ehre gebürt! / Frau Baubo vor! und angeführt! / Ein tüchtig Schwein und Mutter drauf, / Da folgt der ganze Hexenhauf." (Faust I, V. 3964-3967)
[203] Im ersten Band werden diese Beispiele in der Szene mit den Sammelkarten berühmter Hexen und Zauberer aus den Schokofrosch-Packungen genannt: HP dt., I,6, S. 113-115.

sog. „angenommenen" Freimaurer heißt es:

> *Das Ritual besitzt keinen Offenbarungscharakter, es vermittelt keine Heilslehren, und es hat keine magische Qualität.*[204]

In den Ritualerfahrungen bei „Harry Potter" deutet sich schon das Heil einer Wiedergeburt an, was dann ja auch Dumbledores Lehre ist:

> *Schließlich ist der Tod für den gut vorbereiteten Geist nur das nächste große Abenteuer.*[205]

Im Übrigen ist Ron als er von Dumbledores Lehre erfährt „quite impressed at how mad his hero was"[206]. Zu dieser Heilslehre gelangt Harry über Ritualerfahrungen mit Offenbarungscharakter – ganz im Sinne von Plutarchs Schilderungen. Dazu gehört Harrys Gefühl des „relieved" sein beim Ritual mit dem sprechenden Hut. Dazu gehört Harrys Annschauung des *Ganzen* im Janusmotiv des zweigesichtigen Voldemort (Plutarchs „Zurückbringung der Seele zu dem Ganzen"[207]). Und dazu gehört das Licht, was Harry sieht, nachdem ihm bei Voldemort schwarz vor Augen wurde (Plutarchs „Endlich aber schimmert uns auf einmal ein wundervolles Licht entgegen"[208]). Dieses Licht erscheint in Harrys Wahrnehmung als ein Goldener Schnatz – ein magischer Spielball, der von der Spielerposition des Suchers/Seekers gesucht und erbeutet werden muss. So findet sich reichlich Erleuchtungs-/Offenbarungssymbolik im Schnatz, der außerdem aussieht wie eine ägyptische

---

[204] Großloge der Alten Freien und Angenommenen Maurer von Deutschland/Freimaurerei.de, Artikel „Die zweite Freimaurerei" von Hans-Hermann Höhmann.
[205] HP dt., I,17, S. 322 f.
[206] HP engl., I,17, S. 324; bzw.: „[...] looking quite impressed at how mad his hero was."
[207] Plutarch, Ueber die Unsterblichkeit der Seele, S. 85.
[208] Plutarch, Ueber die Unsterblichkeit der Seele, S. 86.

Flügelsonne und den magischen Vogel Schnatzer imitiert. Letzteres führt die Offenbarungssymbolik dann in deutlicher Weise zu den Masons, denn Mr Mason erklärt das Verhalten seiner Frau mit einer Vogelphobie:

> *Mr Mason stayed just long enough to tell the Dursleys that his wife was mortally afraid of birds of all shapes and sizes, and to ask whether this was their idea of a joke.*[209]

Auch wäre bereits die Eule, vor der Mrs Mason davonläuft, ein geläufiges Symbol für Weisheit, was zusammen mit der Flucht vor Todesangst („mortally afraid") ein Gegenentwurf zur im „Phaidon" beschriebenen Philosophie erkennen lässt. Darüber hinaus ist der Gegensatz zu Ron bemerkenswert, der offen ist für die befremdliche Lehre und das auf ihn sonderbar/wahnsinnig wirkende, während Mrs Mason „lauthals über »diese Verrückten« schimpfend"[210] flüchtet. Im Verhalten von Mrs Mason, ihrer Angst vor der magischen Eule, lässt sich eine Angst vor dem Fremden erkennen – von Harrys Pflegeeltern wird der Besuch der Masons dazu ja noch mit großem Konformitätsdruck eingeleitet (der merkwürdige/magische Harry soll von den Masons nicht gesehen werden; es werden Abläufe und Sätze einstudiert – ähnlich einem Ritual?). Zu Mrs Masons Angst vor dem Fremden (= Xenophobie) bildet dann natürlich Xenophilius[211] (= Liebhaber des Fremden) das vollkommene Gegenstück. Und Xenophilius ist Träger des freimaurerischen Symbols der „Heiligtümer des Todes" – also ebenfalls als Repräsentant der Freimaurerei zu

---

[209] HP engl., II,2, S. 21.
[210] HP dt., II,2, 23 f.
[211] Im Übrigen ist seine Frau ähnlich wie Georg Faust (gilt als historische Vorlage für den „Faust"-Stoff) bei einem ihrer Zauberexperimente tödlich verunglückt und seine Tochter heißt Luna (Spitzname Loony = Verrückte), die dem lunarischen Prinzip entsprechend irrationalen Vorstellungen nachgeht und sogar in der magischen Welt unter Hexen und Zauberern als unnormal und verrückt erscheint.

erkennen. Dies ist eben der Gegensatz zwischen Borns „Einförmigkeit der Denkart" gegenüber Halls „Truth Seekers of All Time" (letzteres in einem „Journal für Freymaurer"-Beitrag ja auch als der Neuplatonismus und die darauf aufbauende sog. „wissenschaftliche" Freimaurerei beschrieben). Auch heute ist dieser Gegensatz (dem Prinzip nach) in der mitgliedstärksten deutschen Großloge der sog. „angenommenen" Freimaurer wiederzufinden, wonach es für deren sog. „humanistische" Freimaurerei nicht möglich sei,

in ihre Ritualstruktur die ganze[212] Fülle oft sehr heterogener Esoterikelemente aufzunehmen. Dies würde ganz einfach ihren humanistisch-aufklärerischen Kern beschädigen und zu einem dem Ansehen der Freimaurerei abträglichen Durcheinander der Formen und Ideen führen.[213]

So mag Rowling, die auch ein Jahr in Paris gelebt hat, selbst auf derartige Spannungsverhältnisse in der Freimaurerei gestoßen sein und/oder auch in diesem Punkt dem Vorbild der „Zauberflöte" gefolgt sein.

---

[212] Dies wohl ein rhetorisch-argumentativer Trick, der suggeriert, mit dem „Esoterischen" (ein schwieriger/unklarer Begriff) sei der Gedanke verbunden, „die ganze Fülle" an Esoterik in die Freimaurerei miteinzubeziehen (als wäre kein Dazwischen denkbar). Die „ganze Fülle" aufzunehmen ist zum einen schon in der Praxis unrealistisch/unmöglich, und zum anderen gibt es in den Modellen à la „Truth Seekers of All Time" durchaus den Gedanken eines Auswahlprinzips – bspw. Albert Pike (der zweiköpfige Adler übrigens das Symbol seines Schottischen Ritus): „It [Masonry] venerates the character and commends the teachings of the great and good of all ages and of all countries. It extracts the good and not the evil, the truth, and not the error, from all creeds; and acknowledges that there is much which is good and true in all." (Pike, Morals and Dogma of the Ancient and Accepted Scottish Rite of Freemasonry, S. 718)

[213] Großloge der Alten Freien und Angenommenen Maurer von Deutschland/Freimaurerei.de, Artikel „Spiritualität, Esoterik, Religion: Wo steht die Humanistische Freimaurerei?" von Hans-Hermann Höhmann.

Rebis (von lat. „res bina" = „zwei Dinge"/„duale Materie") bei Pike abgebildet vor dem Kapitel zum 32. Grad, dem eigentlich höchsten Grad des Schottischen Ritus (der 33. Grad ist mit administrativen Zwecken verbunden). Ursprünglich stammt die Abbildung aus „Theoria Philosophiae Hermeticae" (1617) von Heinrich Nollius (ein Anhänger des Alchemisten Paracelsus). In der Alchemie wird Rebis mit der Herstellung des Magnum Opus bzw. des Steines der Weisen verbunden. Allgemein lässt sich darin die Vereinigung gegensätzlicher Prinzipien erkennen, die so ein höheres Wesen bilden. Dabei ist insbesondere an die Vereinigung des männlichen und weiblichen Prinzips zum Hermaphroditen zu denken – in der Abbildung mit den zwei Köpfen von Mann und Frau auf einem gemeinsamen Körper dargestellt (die wie in der „Zauberflöte" zusammen mit Sonne und Mond gedacht werden). Zu dieser Abbildung von Rebis einige mögliche Anspielungen/Entsprechungen in **„Harry Potter":**

7 Klassische Planeten/Sterne → 7 „Harry Potter"-Bände
2-Gesichter → Kapitel „Der Mann mit den zwei Gesichtern"
Kreis mit Flügeln (Flügelsonne) → Schnatz

V. Abschliessende Gedanken

Dies war nun nur mein relativ flüchtiger Blick auf „Harry Potter", der gleichermaßen flüchtig vorgestellt wurde. Dennoch scheinen mir die hier dargestellten Inhalte in der Forschungsliteratur und auch in den neueren Medien noch nicht in diesem Umfang und Ausmaß erkannt und dargestellt worden zu sein – was ich natürlich nur aus einer noch viel flüchtigeren Perspektive beurteilen kann. Allerdings kenne ich eine schwierige und lückenhafte Forschungslage zu Freimaurerei und antiken Einweihungskulten bereits von meiner recht intensiven Auseinandersetzung mit Goethes „Faust"-Dichtung. Also es spricht vieles dafür, dass noch viele Bilder und Inhalte im Geiste der Wahrheitssuchenden aller Zeiten in „Harry Potter" zu finden sind. Ferner gibt es viel Vages, was erst durch die vielen Wiederholungen ins Auge fällt oder zu einem *vernünftigen* Punkt wird – also sowohl durch die eigene wiederholte Betrachtung („Eleusis servat quod ostendat revisentibus" → „Eleusis bewahrt für sich, was es erst den Wiederkehrenden offenbaren mag."), als auch durch Rowlings Wiederholungen von bestimmten Motivtypen innerhalb des ersten Bandes sowie dann in den folgenden Bänden. Hier wäre für mich an Voldemorts zweite Ebene als *Ganzes* zu denken, was durch die Anspielung auf die Isis von Sais im zweiten Band noch bekräftigt wird – dazu an dieser Stelle der Hinweis auf das vertiefende Material im Anhang, woraus unter anderem das Wesen von Voldemort noch weitgehender hervorgehen sollte. Auch beschäftigten sich meine flüchtigen Betrachtungen in erster Linie ja nur auf den ersten Band und haben zum Beispiel kaum die Alchemie[214] in den Blick genommen. So sollen diese

---

[214] Bspw. beschreibt das alchemistische Motto hinter dem Akronym V.I.T.R.I.O.L.{U.M.} mit „visita interiora terrae, rectificandoque, invenies occultum lapidem{, veram medicinam}" (= „Suche das Innere der Erde auf; durch Läuterung wirst du den verborgenen Stein finden {,das wahre Heilmittel}) die finale Handlung des ersten Bandes. In der Freimaurerei ist dieses Motto mitunter aus dem Aufnahmeritual bekannt und wird als

abschließenden Gedanken dazu einladen, den Bildern und Inhalten der Wahrheitssuchenden aller Zeiten in „Harry Potter" weiter nachzuspüren.

Also auf zu einer geistigen Reise,
mit dem Hogwarts-Expresszug von Gleis 9 3/4 ?

The rough Ashlar is the PEOPLE, as a mass, rude and unorganized. The perfect Ashlar, or cubical stone, symbol of perfection, is the STATE, the rulers deriving their powers from the consent of the governed; the constitution and laws speaking the will of the people; the government harmonies, symmetrical, efficient, – its powers properly distributed and duly adjusted in equilibrium.
If we delineate a cube on a plane surface thus:

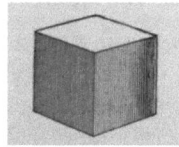

we have visible *three* faces, and *nine* external lines, drawn between *seven* points. The complete cube has *three* more faces, making *six*; *three* more lines, making *twelve*; and *one* more point, making *eight*. As the number 12 includes the sacred numbers 3, 5, 7, and 3 times 3, or 9, and is produced by adding the sacred number 3 to 9 ; while its own two figures, 1, 2, the unit or monad, and duad, added together, make the same sacred number 3 ; it was called the perfect number ; and the cube became the symbol of perfection. („Morals and Dogma", S. 5)

The Holy of holies of the temple formed a cube; in which drawn on a plane surface, there are 4 + 3 + 2 = 9 *lines* visible, and three sides or faces. It corresponded with the number *four*, by which the ancients represented *Nature*, it being the number of substances or corporeal forms, and of the elements, the cardinal points and seasons, and the *secondary* colors. The number *three* everywhere represented the Supreme Being. Hence the name of the Deity, engraven upon the *triangular* plate, and that sunken into the *cube* of agate, taught the ancient Mason, and teaches us, that the true knowledge of God, of His nature and His attributes, is written by Him upon the leaves of the great Book of Universal Nature, and may be read there by all who are endowed with the requisite amount of intellect and intelligence. This knowledge of God, so written there, and of which Masonry has in all ages been the interpreter, is *the Master Mason's Word.* („Morals and Dogma", S. 209)

Aufruf zur „Selbstreflexion" verstanden, wozu in „Harry Potter" auch das Symbol des Spiegels passt – beides (Akronym und Spiegel) findet sich auf der Webseite der „Grand Lodge of British Columbia and Yukon" noch näher beschrieben
(http://freemasonry.bcy.ca/texts/gmd1999/pondering.html).

VI. Vertiefung: Quellenmaterial und weitere Erklärungsansätze zu Rätseln aus „Harry Potter"

1. Die blitzförmige Narbe von Harry als Zeichen des einen Gottes, der alles ist

Harrys Aussehen zeichnet sich durch eine blitzförmige Narbe auf seiner Stirn aus, die er als Baby bei der Begegnung mit Voldemort durch einen Todesfluch erhalten hat – Jahre später erinnert sich Harry an die Erscheinung des Fluches als „blendend heller Blitz aus grünem Licht"[215] und Hagrid beschreibt das Ereignis als „großes Geheimnis":

> *Nun, es ist am besten, wenn du so viel weißt, wie ich dir sagen kann – aber natürlich kann ich dir nicht alles sagen, es ist ein großes Geheimnis, manches davon jedenfalls ...*[216]

1.1 Schillers „Die Sendung Moses"

Durch den folgenden Auszug aus Schillers „Die Sendung Moses" lassen sich diese Punkte verdeutlichen:

- der Sinn hinter Harrys Narbe auf der Stirn
- Voldemorts Wesen als *Ganzes* (Voldemort ist in „HP" auch bekannt als „der, dessen Name nicht genannt werden darf" → im Judentum wurde aus Respekt der Name Gottes gemieden)
- Übertritt aus der Finsternis zum Lichte als Einweihungsmotiv (bspw. hinsichtlich des vagen Motivs „Sprechender Hut")

---

[215] HP dt., I,2, S. 36.
[216] HP dt., I,4, S. 62.

Es scheint außer Zweifel gesetzt, daß der Inhalt der allerältesten Mysterien in Heliopolis und Memphis, während ihres unverdorbenen Zustands, Einheit Gottes und Widerlegung des Paganismus war, und daß die Unsterblichkeit der Seele darin vorgetragen wurde. Diejenigen, welche dieser wichtigen Aufschlüsse teilhaftig waren, nannten sich Anschauer oder Epopten, weil die Erkennung einer vorher verborgenen Wahrheit mit dem Übertritt aus der Finsternis zum Lichte zu vergleichen ist, vielleicht auch darum, weil sie die neuerkannten Wahrheiten in sinnlichen Bildern wirklich und eigentlich anschauten.

Zu dieser Anschauung konnten sie aber nicht auf einmal gelangen, weil der Geist erst von manchen Irrthümern gereinigt, erst durch mancherley Vorbereitungen gegangen seyn musste, ehe er das volle Licht der Wahrheit ertragen konnte. Es gab also Stufen oder Grade, und erst im innern Heiligthum fiel die Decke ganz von ihren Augen.

Die Epopten erkannten eine einzige höchste Ursache aller Dinge, eine Urkraft der Natur, das Wesen aller Wesen, welches einerlei war mit dem Demiurgos der griechischen Weisen. Nichts ist erhabener als die einfache Größe, mit der sie von dem Weltschöpfer sprachen. Um ihn auf eine recht entscheidende Art auszuzeichnen, gaben sie ihm gar keinen Namen. »Ein Name«, sagten sie, »ist bloß ein Bedürfnis der Unterscheidung, wer allein ist, hat keinen Namen nötig, denn es ist keiner da, mit dem er verwechselt werden könnte.« Unter einer alten Bildsäule der Isis las man die Worte: » *Ich bin, was da ist*«, und auf einer Pyramide zu Sais fand man die uralte merkwürdige Inschrift: »Ich bin alles, was ist, was war und was sein wird, kein sterblicher Mensch hat meinen Schleyer aufgehoben.« Keiner durfte den Tempel des Serapis betreten, der nicht den Namen Jao - oder J-ha-ho – ein Name, der mit dem hebräischen Jehovah fast gleichlautend, auch vermutlich von dem nämlichen Inhalt ist – an der Brust oder Stirn trug; und kein Name wurde in Egypten mit mehr Ehrfurcht ausgesprochen als dieser Name Jao. In dem Hymnus, den der Hierophant oder Vorsteher des Heiligthums dem Einzuweihenden vorsang, war dies der erste Aufschluß, der über die Natur der Gottheit gegeben wurde: »Er ist einzig und von ihm selbst, und diesem Einzigen sind alle Dinge ihr Daseyn schuldig.«[217]

1.2 ETWAS PLUTARCH, HOMER UND PAUW

Der Blitz ist die Waffe und die Erscheinungsform (Epiphanie) von Zeus, der auch als Allgott („Herr aller Dinge") verstanden wurde.[218] Blitz und Donner sind Teil der Einweihungserfahrung, was auch in „Faust"[219] und „Zauberflöte"[220] zum Ausdruck kommt und damals schon über freimaurerische[221] Kreise hinaus öffentlich[222] bekannt

---

[217] Schiller, Die Sendung Moses, S. 74-76.

[218] Plutarch, Isis und Osiris: „Nicht durch Silber und Gold ist die Gottheit glückselig, noch durch Donner und Blitz mächtig, sondern durch Einsicht und Weisheit; von allem was Homeros über die Götter gesungen, ist dies das schönste: // Zwar entsprossen sie beid' aus gleichem Stamme und Geschlechte, Aber Zeus war eher gezeugt, und höherer Weisheit. // (Kap. 1, S. 1 f.) Wenn daher Homeros den König und Herrn aller Dinge, ‚Zeus den Höchsten und Berather' nennt, so scheint er durch ‚Höchster' seine Kraft, durch ‚Berather' seine Ueberlegung und Einsicht anzudeuten. (Kap. 51, S. 90)

[219] Deswegen der „Donnergang" (Faust I, V. 246) der Sonne.

[220] Deswegen hört man auf dem Einweihungsweg der „Zauberflöte" „manchmal auch den Ton eines dumpfen Donners, und Wassergeräusch" (ZF, II,28, S. 54). → Bei „Harry Potter" neben Fluffys „Donnergrollen" (HP dt., I,9, S. 177) dann interessanterweise auch „ein sanftes Rieseln von Wasser, das die Wände herablief" (HP dt., I,16, S. 302).

[221] Im „Journal für Freymaurer" heißt es über den Einweihungsweg von Eleusis: „Man begann mit den Scenen des Schreckens. Es donnerte, und in der Finsterniß durchkreuzten sich Blitze und Lichtstrahlen." (Kreil, Anton, Ueber die eleusinischen Mysterien, S. 20)

[222] Ebenfalls über Eleusis in „Die Griechen: Eine Skizze fuer Damen": „[...] bald zischten die Blitze und der Donner rollte [...]." (Kotzebue, Die Griechen, S. 170)

war. Hier eine Beschreibung der Mysterien von Cornelis de Pauw, die auch für Mozart und sein Umfeld relevant war,[223] und worin die Erscheinung von Blitz und Donner mit dem Allgott[224] Pan verbunden ist:

> Die Mysterien scheinen anfänglich nichts anders, als ein geheimer Unterricht gewesen zu seyn, den man bloß denen Priestern ertheilte, welche vor ihrer Einweihung einen ganz entsetzlichen Schreck auszustehen hatten, indem man sie durch finstere Gänge zuletzt an einen sehr hellgemachten Ort führte, welches eben auf den Gedanken brachte, die Erscheinungen des Blitzes und Donners nachzumachen [...]. Sämmtliche Priester in Ägypten, keinen einzigen ausgenommen, mußten, wie Diodor schreibet, in den sogenannten Mysterien des Gottes Pan unterrichtet werden; so daß kein einziger gewesen, welcher nicht den panischen Schreck in der Dunkelheit der unterirdischen Höhlen erfahren hätte.[225]

1.3 Pike über „the great Mystery of the Ineffable Name"

Lediglich ergänzend zu Voldemorts Wesen als „der, dessen Name nicht genannt werden darf" dann noch Pikes Darstellungen über „the great Mystery of the Ineffable Name":

> Thus the Ineffable Name not only embodies the Great Philosophical Idea, that the Deity is the *Ens*, the *To On*,

---

[223] In einem „Journal für Freymaurer"-Beitrag wird Pauw mehrmals wiedergeben, bspw.: Kreil, Anton, Ueber die wissenschaftliche Maurerey, S. 56 f.

[224] Ähnlich zur Isis zu Sais gilt Pan als der Gott der Natur und das dt. Präfix „Pan-„/„pan-„ (z.B. Pantheismus) geht auf griech. Formen zurück, die ebenfalls adjektivisch mit der Bedeutung „alles" gebraucht wurden.

[225] Pauw, Cornelis de, Philosophische Untersuchungen über die Aegypter und Chineser, S. 57 f.

the Absolute Existence, that of which the Essence is *To Exist*, the only Substance of Spinoza, the *Being*, that never could *not* have existed, as contradistinguished from that which only *becomes*, not Nature or the Soul of Nature, but that which created Nature; but also the idea of the Male and Female Principles, in its highest and most profound sense; to wit, that God originally comprehended in Himself all that is: that matter was not co-existent with Him, or independent of Him; that He did not merely fashion and shape a pre-existing chaos into a universe; but that His Thought manifested itself outwardly in that universe, which so *became*, and before *was not*, except as comprehended in Him: that the Generative Power or Spirit, and productive Matter, ever among the ancients deemed the Female, originally were in God; and that He Was and Is all that Was, that Is, and that Shall be: *in* whom all else lives, moves, and has its being.

This was the great Mystery of the Ineffable Name; and this true arrangement of its letters, and of course its true pronunciation and its meaning, soon became lost to all except the select few to whom it was confided; it being concealed from the common people, because the Deity this metaphysically named was not that personal and capricious, and as it were tangible God in whom they believed, and who alone was within the reach of their rude capacities.

Diodorus says that the name given by Moses to God was *IAΩ*. Theodorus says that the Samaritans termed God *IABE*, but the Jews *IAΩ*. Philo Byblius gives the form *IETΩ*; and Clemens of Alexandria *IAΩT*. Macrobius says that it was an admitted axiom among the Heathen, that the triliteral *IAΩ* was the sacred name of the Supreme God. And the Clarian oracle said: "Learn thou that *IAΩ* is the great God Supreme, that

---

[226] Pike, Morals and Dogma of the Ancient and Accepted Scottish Rite of Freemasonry, S. 700 f.

ruleth over all." The letter *I* signified Unity. *A* and *Ω* are the first and last letters of the Greek Alphabet. Hence the frequent expression: "I am the First, and I am the Last; and besides me there is no other God. I am *A.* and *Ω.*, the First and the Last. I am *A.* and *Ω.*, the Beginning and the Ending, which Is, and Was, and Is to come: the Omnipotent." For in this we see shadowed forth the same great truth; that God is all in all—the Cause the Effect—the Beginning, or Impulse, or Generative Power: and the Ending, or Result, or that which is produced: that He is in reality all that is, all that ever was, and all that ever will be; in this sense, that nothing besides Himself has existed eternally, and co-eternally with Him, independent of Him, and self-existent, or self-originated.[226]

2. Die gemeinen Dursleys als „der beste Platz" für Harry und Weiteres aus den antiken Einweihungstexten

Nietzsche schließt seine Schrift „Die Geburt der Tragödie aus dem Geiste der Musik" über das Apollinisch-dionysische mit folgenden Worten:

Einem so Gestimmten dürfte aber ein greiser Athener, mit dem erhabenen Auge des Äschylus zu ihm aufblickend, entgegnen: »Sage aber auch dies, du wunderlicher Fremdling: wie viel musste dies Volk[227] leiden, um so schön werden zu können! Jetzt aber folge mir zur Tragödie und opfere mit mir im Tempel beider Gottheiten!«[228]

---

[227] Gemeint sind die Hellenen/Griechen.
[228] Nietzsche, Die Geburt der Tragödie aus dem Geiste der Musik, S. 172.

Aischylos[229] hat in seiner Tragödientrilogie „Orestie" den Ausspruch „durch Leiden Lernen" („pathei mathos") geprägt, wonach Zeus die Menschen über Leid und Unglück an die Weisheit heranführt:

Denn der Weisheit Führer ist
Zeus, des Urgesetzes Herr,
Daß im Unglück Lehre wohnt.[230]

Dies scheint mir der Grund, warum Dumbledore meint, die gemeinen Dursleys wären „der beste Platz"[231] für den verwaisten Harry, obwohl sogar das sadistische Wesen von Harrys Stiefbruder bekannt ist.

Das Leiden ist dem Schrecken sehr nahe, der bereits bei Pauw angesprochen wurde. In Goethes „Faust II" heißt es: „Das Schaudern ist der Menschheit bestes Theil"[232]. Es gibt unzählige Situationen des Schreckens und Zitterns in „Harry Potter" – nicht zuletzt bei den Einweihungserfahrungen.

2.1 Plutarchs Einweihungserfahrung in „Über die Unsterblichkeit der Seele"

Die Bedeutung des „Schreckens" und Weiteres lässt sich mit Plutarchs Einweihungserfahrung vertiefen:

Gleiche Bewandtniß hat es mit dem Worte ‚Ololemai', welches sich auf die Versezzung und Zurückbringung der Seele zu dem Ganzen bezieht. Von diesem hat die Seele gar keine Kenntniß, so lange sie hier lebt; nur erst nach dem Tode gelangt sie dazu, und dann geht mit ihr eben die Veränderung vor, welche diejenigen erfahren,

---

[229] Dem finalen siebten „Harry Potter"-Band ist als allererstes eine Passage aus Aischylos' „Orestie"-Trilogie vorangestellt.
[230] Aeschylos, Agamemnon, S. 475.
[231] HP dt., I,1, S. 18.
[232] Faust II, V. 6271.

die in großen Mysterien eingeweihet werden. Daher kommt es, daß die Wörter, welche ,sterben' und ,eingeweiht werden' bedeuten, eben so wie die Sache selbst, einander sehr ähnlich sind. Das erste, was uns in diesem Leben zu Theil wird, ist ein ermüdendes und beschwerliches Herumschweifen, ein rastloses Laufen durch finstere grauenvolle Wege. Selbst dann, wenn wir das Ende erreicht zu haben glauben, warten noch auf uns alle Arten von Schrecknissen, Angst, Bangigkeit, Todesschweiß und sinnlose Betäubung. Endlich aber schimmert uns auf einmal ein wundervolles Licht entgegen. Wir betreten nun die anmuthigsten Gefilde, auf welchen überall fröhliche Gesänge und Tänze herrschen, wo Auge und Ohr durch die heiligsten, erhabensten Gegenstände entzückt wird. Hier wandelt der Vollendete, der Eingeweihte aller Banden enlediget in voller Freiheit herum, feiert mit Kränzen geschmückt die heiligsten Mysterien, genießt des Umganges frommer und gerechter Menschen, und sieht mit Bedauern herab auf den ungeweihten und unreinen Haufen derer, die sich noch hier auf der Erde in Schlamm und Nebel ängstlich herumtreiben, und theils aus Furcht vor dem Tode, theils aus Mißtrauen gegen die Glückseligkeit der andern Welt in ihrem elenden Zustande beharren.[233]

---

[233] Plutarch, Ueber die Unsterblichkeit der Seele, S. 85 f.

2.2 Apuleius' Einweihungserfahrung in den „Metamorphosen"

Neben den zentralen Einweihungsmotiven (z.b. Gang in die Unterwelt) könnten noch vage Kleinigkeiten (z.b. die Besorgung der Utensilien für Harrys Schulbeginn in Hogwarts oder das Leinen als Findelkind und am Ende im Krankenflügel) von einer solchen antiken Einweihung inspiriert sein, wie sie aus Apuleius' Erzählung bekannt ist:

»Er ist ja nun da, der Tag, der von Dir so sehnlich erwünschte Tag, an dem, auf der vielnamigen Göttin Geheiß, Du von mir selbst in ihrer Religion heilige Geheimnisse sollst eingeweiht werden!«
Somit reichte mir freundlich der Alte seine Rechte und führte mich stracks zur Pforte des geräumigen Tempels. Mit feierlichem Gebrauche verrichtete er das Amt der Eröffnung, und nach Vollendung des Morgenopfers holte er Bücher aus dem Allerheiligsten hervor, welche mit unbekannten Charakteren beschrieben waren. Sie enthielten gewisse Formeln, welche teils durch die sinnbildliche Bedeutung von allerhand Tierfiguren, teils durch verschränkte, nach Art eines Rades gewundene oder wie die Gabelungen der Weinreben sich ringelnde Züge vor dem Verständnis jedes vorwitzigen Unheiligen gesichert waren. Hieraus las er mir alles vor, was ich zur eigentlichen Einweihung vorzubereiten und anzuschaffen hätte.
Alsofort kaufte ich aufs geflissentlichste und reichlichste alles Nötige teils selbst, teils durch meine Bekannten zusammen.
Wie es endlich, nach des Hohenpriesters Angabe, die Zeit erforderte, so führte er mich, vom ganzen Priesterschwarme begleitet, in das nächste Bad. Erstlich mußte ich mich nach gewöhnlicher Weise baden, darauf hielt er ein Gebet über mich, besprengte mich über und über mit Weihwasser und reinigte mich.
In den Tempel zurückgekehrt, ließ er mich, da schon

zwei Teile des Tages vorüber waren, zu den Füßen der Göttin hintreten, und nachdem er mir insgeheim gewisse Aufträge erteilt hatte, die ich zu verschweigen habe, so gebot er mir endlich ganz laut, daß es alle Anwesenden hören konnten: zehn Tage lang der Werke der Venus mich zu enthalten und weder Fleischspeisen zu essen noch Wein zu trinken.

Ich erfüllte diese geheiligten Vorschriften mit aller Gewissenhaftigkeit.

Nun war der Tag der Einweihung da. Sobald sich die Sonne gen Abend neigte, flossen von allenthalben her die Leute zusammen und verehrten mir, nach altem gottesdienstlichen Brauche, allerhand Geschenke. Darauf mußten sich alle und jegliche Profanen entfernen. Ich wurde mit einem groben, leinenen Gewande angetan, und der Hohepriester führte mich bei der Hand in das innerste Heiligtum des Tempels ein.

Vielleicht fragst Du hier neugierig, geneigter Leser, was nun gesprochen und vorgenommen worden? – Wie gern wollte ich's sagen, wenn ich es sagen dürfte! Wie heilig solltest Du es erfahren, wenn es Dir zu hören erlaubt wäre! Allein Zunge und Ohr würden gleich hart für den Frevel zu büßen haben!

Doch es möchte Dir schaden, wenn ich Deine fromme Neugier so auf die Folter spannte; so höre denn und – glaube, traue! es ist wahrhaftig.

Ich ging bis zur Grenzscheide zwischen Leben und Tod. Ich betrat Proserpinens Schwelle, und nachdem ich durch alle Elemente gefahren, kehrte ich wiederum zurück. Zur Zeit der tiefsten Mitternacht sah ich die Sonne in ihrem hellsten Lichte leuchten; ich schaute die unteren und oberen Götter von Angesicht zu Angesicht und betete sie in der Nähe an.

Siehe! Nun hast Du alles gehört: aber auch verstanden? Unmöglich! So vernimm wenigstens, was ich ohne Sünde Dir Laien verständlich machen kann!

Erst gegen Morgen war die Einweihung vollendet. Ich hatte während derselben zwölfmal die Kleidung verändert und ging endlich aus dem Innersten des Tempels in einem Aufzuge hervor, der zwar auch mystisch war, von dem aber kein Gesetz verbietet, ganz frei zu reden; da mich darinnen sogar sehr viele Anwesende gesehen haben.

Mitten in dem Tempel mußte ich vor der Göttin Ebenbild auf eine hölzerne Bank hintreten. Mein Leibrock war von Kattun, mit bunten Blumen bemalt, und von den Schultern herab bis zu den Fersen fiel mir ein köstlicher Mantel, auf dessen beiden Seiten allerhand Tiere von verschiedenen Farben zu sehen waren: hier indische Drachen, dort hyperboreische Greifen in Löwengestalt, aber mit Adlerköpfen und Flügeln, wie sie die andere Welt hervorbringt. Bei den Eingeweihten heißt dieser Mantel die olympische Stole. Ich führte eine brennende Fackel in der rechten Hand und war mit einem Kranze von Palmblättern geziert, die so geordnet waren, daß sie um mein Haupt gleich Strahlen herumstanden.

So als Bild der Sonne ausgeschmückt, stand ich gleich einer Bildsäule da. Ein Vorhang öffnete sich und zeigte mich den neugierigen Blicken des Volkes.

Hierauf beging ich den erfreulichen Entstehungstag der Mysterien mit leckern und fröhlichen Gastmählern. Am dritten Tage aber wurde, den heiligen Satzungen gemäß, mit allerhand Feierlichkeiten, der Beschluß der Schmausereien und der ganzen Einweihung gemacht.[234]

---

[234] Apuleius, Metamorphosen, Bd. 2, S. 223-228.

3. Freimaurerei in Mozarts Wien

3.1 Magische Logen und die Normalität der Alchemie

> Aber in Wien verhält sichs anders. Du bekomst nicht nur mit Händen, nicht nur an der Gast-Tafel, sondern mit Löffel, Meßern, Gabel, Glase, und selbst mit den Hute, auch selbst auf der Gasse und in den Kirchen die Freymaurer Zeichcn.
>
> Das ist noch das wenigste. Hier findest du Logen von der stricten, der laten und der berlinischen Observanz; practische Logen, chemische, magische. Ich will nicht grade alles für Unsinn erklären, was in diesen vorgeht; aber in eine der lezteren, von welcher der Graf K. ... Meister vom Stuhl ist, verlangen sie Geister in Gläser gebannt zu haben. Einige der andern besitzen sehr gute chemische Geheimniße, und verfertigen vortrefliche Medizin. Ich halte dieses allerdings für einen nicht unschiklichen Nebenzwek der Maurerey. Das must du wissen, daß in Wien darauf gesehen wird, ob man von der Chemie zu reden weiß. Jeder Mensch von gutem Tone, hat sein Laboratorium und seine alchymistische Bibliothek.[235]

3.2 Einweihung einer Frau und Diffamierung als Afterlogen

> Hiermit beruhigten sich die Brüder der Loge *Phönix*[236], und schritten nun um so rascher zur Ausführung einer Angelegenheit fort, welche sie unterdessen, vereinigt mit der Loge zur aufrichtigen Freundschaft, entworfen

---

[235] Goué, August von, Ueber das Ganze der Maurerey, S. 164 f.
[236] Die Lemberger Loge „Phönix" war der großen Landesloge in Wien unterstellt.

hatten. Die Idee einer *Adoptionsloge* brachte den *wahren ächten Ordensplan* und die *höchsten Ordensväter* in Vergessenheit. Alles war jetzt beschäftigt, auch dem schönen Geschlechte den Tempel des östlichen Lichtes zu öffnen. Alle Vorstellungen einiger für die Ehre und Würde des Maurernahmens besorgten Brüder, alle Beweise, daß bloß der bekannte Geist der französischen Galanterie der Vater der Adoption, und diese im Grunde nichts mehr und nichts weniger sey, als ein artiges Compliment, das, in Betracht der deutschen Sitten überhaupt, und der bey uns vernachlässigten moralischen und ästhetischen Bildung des weiblichen Geschlechts, so wie in Hinsicht der besonderen Lembergischen Localverhältnisse, am Ende doch wohl ernsthafter und gefährlicher werden könnte, als jedes andere Compliment, wurden entweder nicht gehört, oder auf eine beleidigende Art zurückgewiesen. Der Tempel ward, nach Anleitung der bekannten Esquisse des travaux d'Adoption dirigés par les Officiers de la Loge de la Candeur à l'Orient de Paris, mit vieler Pracht und Feyerlichkeit eröffnet und, in Gegenwart vieler hohen und niedern Standes-Maurer, durch die Aufnahme des Frlns. von P. eingeweihet. Die schlimmen Folgen dieses neuen Baues blieben nicht lange aus. Gr. W — h — ky gerieth auf den Einfall, zu verlangen, daß Mad. P., seine Freundin, die Mutter der erstgebohrnen Maurerin, zum Zeichen der Anerkennung ihrer Geistesvorzüge, und weil sie ohnehin schon mit Allem, was in den Freymaurerlogen vorginge, bekannt wäre, in die Loge zur *aufrichtigen Freundschaft* feyerlich eingeführt und affiliirt würde. Der Meister vom St. gedachter Loge war Secretair des Gr., und in dieser Hinsicht in einer bedenklichen Lage. Einige Mitglieder seiner Loge erklärten sich laut und ziemlich nachdrücklich dagegen, und wurden für ihre Freymüthigkeit von den Anhängern des Gr. beleidiget.

---

[237] Fessler, Schriften über Freymaurerey, S. 291-293.

Glücklicher weise ließ es der Gr., nach dem Vorschlage des Meisters vom St., auf die Entscheidung einer Conferenz, zu welcher auch die Br. der Loge Phönix eingeladen werden sollten, ankommen, in welcher sodann, nach langen Debatten, die Einführung der Mad. P., als durchaus widergesetzlich und unstatthaft, verworfen, und jede Wiederholung dieses oder eines ähnlichen Vorschlages in Zukunft mit der Strafe der Proscription aus dem Orden belegt wurde.

Alle diese Auftritte hatten ungemein viel Lehrreiches für mich, und banden mich fester an die gute Sache der Maurerey, von der ich durch Br. v. K**ms und Br. K***ys Hülfe nun schon einige bestimmte Vorstellungen hatte. Ueber die Verfassung und Regierung der Logen, wie sie war und wie sie seyn sollte, lernte ich Vieles auf meiner Reise nach Wien, die ich im Septbr. 1785 unternahm. Das Studium der Logen daselbst war mein Hauptgeschäft. Am meisten befriedigte mich die Loge zur *Eintracht*, an deren würdigem Meister vom Stuhl, Bruder von Born, ich für meine maurerischen Bedürfnisse einen vorzüglichen Wohlthäter fand. Manches dunkle Gebiet in der Geschichte und Verfassung des Ordens ward mir durch seine brüderlichen Mittheilungen hell. Es war sein eigenthümliches Verdienst, welches Männer zu dieser Loge führte, die Kenntnisse und guten Willen genug hatten, ihn bey dem wissenschaftlichen Baue des Tempels thätig zu unterstützen. Alle ihre Maßregeln waren genau und bestimmt darauf berechnet, den Afterbau der übrigen Logen, wie sie ihn nannten, allmählig zu untergraben, wofür sie aber freylich ganz unbarmherzig angefeindet wurden.[237]

VII. Informationen zu Literatur/Medien

1. Verwendete Ausgaben von „Harry Potter"

- HP.
Rowling, J.K., Harry Potter, dt. und engl. Digitalversionen der Bd. I-VII, erstveröff. von Pottermore Limited 2015.

- HP and the Cursed Child.
Rowling, J.K., Harry Potter and the Cursed Child. Parts One and Two. Playscript, Digitalversion, veröff. von Pottermore Limited 2017.

2. Literatur/Medien die „Harry Potter"-Welt betreffend

- Harry Potter. A History of Magic. Ebook.
The Ebook of the Exhibition, digital edition, first publ. by Pottermore Limited 2017.

- Harry Potter. A History of Magic. BBC documentary.
Alex Harding/Jude Ho/Janet Lee, 2017.

- Harry Potter and the Deathly Hallows. Part 1. Movie.
David Yates, 2010.

- Lydon, Christopher, Interview – Rowling, zitiert nach Accio-Quote.org.
URL: http://www.accio-quote.org/articles/1999/1099-connectiontransc2.htm

- Mugglenet.com, Anelli/Spartz, Interview – Rowling.
URL: https://www.mugglenet.com/2005/07/emerson-spartz-and-melissa-anelli-the-mugglenet-and-leaky-cauldron-interview-joanne-kathleen-rowling/

- TheSun.co.uk, Artikel „Harry Potter author JK Rowling reveals the heartbreaking inspiration behind the Deathly Hallows Symbol ".
URL: https://www.thesun.co.uk/fabulous/4799161/jk-rowling-harry-potter-deathly-hallows-symbol/

3. Sonstige Literatur/Medien

- Aeschylos, Agamemnon.
Aeschylos' Werke, Übers. von Johannes Minckwitz, Bd. 5, Stuttgart 1845, S. 433-583.

- Anderson, James, The Charges of a Free-Mason.
The Constitutions Of The Free-Masons, London 1723, S. 49-57.

– **Apuleius, Metamorphosen.**
Apulejus, Der goldene Esel, Übers. von August Rode, Dessau 1783.

– **Bibelstellen (verwendete Ausgaben).**
Dt., Einheitsübersetzung 2016, zitiert nach: bibleserver.com
Frz., Parole de Vie 2017, zitiert nach: bible.com.

– **Bibelwissenschaft.de, Artikel „Der Tempel".**
URL: https://www.bibelwissenschaft.de/bibelkunde/themenkapitel-at/der-tempel/

– **Born, Ignaz von, Ueber die Mysterien der Aegypter.**
Journal für Freymaurer, hrsg. von den Brüdern der Loge zur wahren Eintracht, Bd. 1,1, Wien 1784, S. 15-132.

– **Bosch, Simon, Die drei Grade der Freimaurerei des Frauenzimmers.**
Wien 1783.

– **Budde, Gunilla-Friederike, „Denn unsre Bruderliebe soll ihn leiten".**
Zum Zusammenhang von Künstlerexistenz und Freimaurertum bei
Wolfgang Amadeus Mozart.
Historische Zeitschrift, hrsg. von Lothar Gall, Bd. 275 H. 3, München 2002, S. 625-650.

– **Burkert, Walter, Antike Mysterien.**
München 2012.

– **Duden.de, Artikel „faustisch".**
URL: https://www.duden.de/node/138937/revision/138973

– **Eckermann, Johann Peter, Gespräche mit Goethe in den letzten Jahren**
seines Lebens.
Hrsg. von Heinrich Dünker, Bd. 1, Leipzig 1885.

– **Faust I.**
Goethe, Faust. Eine Tragödie, hrsg. in der Cotta'schen Buchhandlung, Tübingen 1808.

– **Faust II.**
Goethe, Faust. Der Tragödie zweiter Teil. In: Goethe's Werke. Vollständige Ausgabe letzter Hand, hrsg. in der Cotta'schen Buchhandlung, Bd. 41, Stuttgart/Tübingen 1832.

– **Fessler, Schriften über Freymaurerey.**
Fessler's sämmtliche Schriften über Freymaurerey. Wirklich als Manuscript für Brüder, Bd. 1, Dresden 1805.

– **Freimaurer-Wiki.de, Artikel „Ignaz von Born".**
URL: https://freimaurer-wiki.de/index.php/Ignaz_von_Born

– **Freimaurer-Wiki.de, Artikel „Joseph II.".**
URL: https://freimaurer-wiki.de/index.php/Joseph_II

– **Gemmingen, Otto von [Hrsg.], Wiener Ephemeriden.**
Wien 1786.

– **Goethe, An Iken am 27.9.1827.**
Goethes Werke. Weimarer Ausgabe, Abt. 4, Bd. 43, Weimar 1887-1912, S.
194-219.

– **Goethe, Der Zauberflöte zweyter Theil.**
Goethe's Werke. Vollständige Ausgabe letzter Hand, Bd. 11,
Stuttgart/Tübingen 1828, S. 191-234.

– **Goué, August von, Ueber das Ganze der Maurerey.**
Leipzig 1782.

– **Grand Lodge of British Columbia and Yukon/Freemasonry.bcy.ca,
Artikel „The Chamber of Reflection/Pondering".**
URL: http://freemasonry.bcy.ca/texts/gmd1999/pondering.html

– **Großloge der Alten Freien und Angenommenen Maurer von
Deutschland/Freimaurerei.de, Artikel „Die zweite Freimaurerei" von
Hans-Hermann Höhmann.**
URL: https://freimaurerei.de/die-zweite-freimaurerei/

– **Großloge der Alten Freien und Angenommenen Maurer von
Deutschland/Freimaurerei.de, Artikel „Spiritualität, Esoterik, Religion:
Wo steht die Humanistische Freimaurerei?" von Hans-Hermann
Höhmann.**
URL: https://freimaurerei.de/spiritualitaet-esoterik-religion-wo-steht-die-
humanistische-freimaurerei/

– **Hesiod, Theogony.**
URL: https://chs.harvard.edu/primary-source/hesiod-theogony-sb/ (Übers. v. J.
Banks)

– **Internationales Freimaurer-Lexikon.**
Lennhoff/Posner, Internationales Freimaurerlexikon. Unveränderter Nachdruck
der Ausgabe 1932, Dießen 1980.

– **Irmen, Hans-Josef, Mozart. Mitglied geheimer Gesellschaften.**
Zülpich 1991.

– Kant, Kritik der Urteilskraft.
Hrsg. von Karl Vorländer, Leipzig 1922.

– Kotzebue, Die Griechen.
August's von Kotzebue ausgewählte prosaische Schriften, hrsg. von Ignaz
Klang, Bd. 16, Wien 1842.

– Kreil, Anton, Geschichte der Neuplatoniker.
Journal für Freymaurer, hrsg. von den Brüdern der Loge zur wahren Eintracht,
Bd. 2,2, Wien 1785, S. 5-51.

– Kreil, Anton, Ueber die eleusinischen Mysterien.
Journal für Freymaurer, hrsg. von den Brüdern der Loge zur Wahrheit, Bd. 3,2,
Wien 1786, S. 5-42.

– Kreil, Anton, Ueber die wissenschaftliche Maurerey.
Journal für Freymaurer, hrsg. von den Brüdern der Loge zur wahren Eintracht,
Bd. 2,3, Wien 1785, S. 49-78.

– Lessing, Ernst und Falk.
Gespräche für Freimaurer, hrsg. von Merzdorf/Rümpler, Hannover 1855.

– Lévi, Éliphas, Dogme et Rituel de la Haute Magie.
Paris 1861.

– Lévi, Éliphas, Transcendental magic. Its doctrine and ritual.
Übers. von Arthur Edward Waite, London 1896.

– Mackey, Manual of the Lodge.
New York 1891.

– Mozart, An Leopold Mozart am 4.4.1787.
Mozarts Briefe, hrsg. von Ludwig Nohl, Salzburg 1865, S. 437 f.
URL:
http://www.zeno.org/Musik/M/Nohl,+Ludwig/Mozarts+Briefe/Sechste+Abtheilung/243.+Wien+4.+April+1787 (nach der Hrsg. v. Ludwig Nohl)

– Nietzsche, Die Geburt der Tragödie aus dem Geiste der Musik.
Leipzig 1894.

– Pauw, Cornelis de, Philosophische Untersuchungen über die Aegypter und Chineser.
Übers. von Johann Georg Krünitz, Bd. 2, Berlin 1774.

– Pike, Morals and Dogma of the Ancient and Accepted Scottish Rite of Freemasonry.
New York 1874.

– Platon, Gorgias.
URL: http://www.zeno.org/Philosophie/M/Platon/Gorgias (nach der Übers. v. Deuschle)

– Platon, Phaidon.
URL: http://www.zeno.org/Philosophie/M/Platon/Phaidon (nach der Übers. v. Schleiermacher)

– Plutarch, Isis und Osiris.
Hrsg. von Gustav Parthey, Berlin 1850.

– Plutarch, Ueber die Inschrift Ei im Tempel zu Delphi.
Plutarchs moralische Abhandlungen, Übers. von Johann Friedrich Salomon Kaltwasser, Bd. 3, Frankfurt am Main 1786, S. 483-515.

– Plutarch, Ueber die Unsterblichkeit der Seele.
Plutarchs moralische Abhandlungen, Übers. von Johann Friedrich Salomon Kaltwasser, Bd. 5, Frankfurt am Main 1793, S. 82-90.

– Ronayne, Edmond, The Masters Carpet.
Chicago 1887.

– Schikaneder, Der Zauberflöte zweyter Theil unter dem Titel: Das Labyrinth oder der Kampf mit den Elementen.
Eine große heroisch-komische Oper in zwey Aufzügen, hrsg. von Manuela Jahrmärker/Till Gerrit Waidelich, Tutzing 1992.

– Schiller, Die Sendung Moses.
Friedrichs von Schiller sämmtliche Werke, hrsg. von Johann Friedrich Cotta, Bd. 7, Stuttgart/Tübingen 1819, S. 60-95.

– Schiller, Die Worte des Wahns.
Gedichte von Friedrich Schiller, hg. von Heinrich Rommerskirchen, Bd. 2, Köln 1801, S. 142 f.

– Schiller, Unsterblichkeit.
Die Horen. Eine Monatsschrift, hrsg. von Friedrich Schiller, Bd. 3, St. 9, Tübingen 1795, S. 136.

– Schweizerische Grossloge Alpina/Freimaurerei.ch, Artikel „Die Instruktion – ein grundlegendes Element der Freimaurerei".
URL: https://freimaurerei.ch/die-instruktion-ein-grundlegendes-element-der-freimaurerei/

– Weishaupt, Adam, Pythagoras oder Betrachtungen über die geheime Welt- und Regierungs-Kunst.
Bd. 1, Abschn. 1, Frankfurt/Leipzig 1790.

– ZF.
Schikaneder, Die Zauberflöte. Große Oper in zwey Aufzügen, hrsg. von Michael Holzinger, Berlin 2014.